철학적 사고와 학문의 여정
그리고 그 발자취

Beyond the Horizon of Thought

생각의 지평

한숭홍 지음

철학적 사고와 학문의 여정
그리고 그 발자취

Beyond the Horizon of Thought
생각의 지평
한숭홍 지음

문학공원

책을 펴내며

이 원고를 출판사에 넘길 때까지 나는 많이 망설였다. "책은 독자를 위한 것이어야 할 텐데, 개인의 자화상 같은 출판물이 무슨 의미가 있으려나"라는 생각이 앞섰기 때문이다.

이 책의 1부는 내 삶의 형성 과정에 관한 여러 편의 원고를 원문 그대로 모아놓은 것이고, 2부는 사고의 지속적인 진화 과정에서 표출된 내 사상을 유형별로 분류해 제목만 실어놓은 것이다. 나는 내가 되어가고 있는 삶과 그 속에서 형성되어가고 있는 세계관을 날줄과 씨줄로 짜가려 했고, 이런 시도는 다양한 형식의 작품으로 표출되었다.

존재하려는 의지는 나를 지금의 나로 만들었고, 사고의 폭도 넓혀갔다. 나는 이렇게 되어갔고, 지금, 이 순간에도 부단히 되어가는 과정에서 세계를 보며 나 자신을 성찰한다.

독자들이 이 책의 글 줄기에 따라 흘러가고 있는 희망의 속삭임도 음미할 수 있기를 기대한다.

2021년 8월 서재에서

한 승 홍

차례

책을 펴내며 _ 5

1부
존재하려는 의지 The Will to Be

    I 신학과 철학 수업기 _ 12
    The Age of Learning Theology and Philosophy

        1 연세 대학교에서 _ 12
        At Yonsei University

        2 연세 대학교 연합신학대학원에서 _ 17
        At Yonsei University UGST

        3 뮌헨 대학교에서 _ 22
        At the University of München

        4 튀빙겐 대학교에서 _ 26
        At the University of Tübingen

        5 아헨 대학교에서 _ 30
        At the RWTH Aachen University

II 한숭홍: 광나루 지성의 생애와 사상 _ 35
Soong-Hong Han: Life and Thought

    1 성장과정 _ 35
       Growth Process

    2 대학시절 _ 38
       During the Times at Yonsei University

    3 유학시절 _ 48
       During the Studying Abroad

    4 교수활동 _ 69
       Academic Activities as a Professor

III 神學一念 _ 88
Theology Only

IV 신토불이(神土不二) 신학, 지평을 넘어 _ 91
Sintobul'yi Theology, Beyond the Horizon

Ⅴ 장신과 함께한 27년을 돌아보며 _ 96
　Looking Back on 27 Years with PUTS

　1 퇴임에 대한 심정 _ 96
　　What You felt in Retirement

　2 교육자로서의 신념 _ 98
　　Belief as An Educator

　3 장신대 교수로서 지난날을 돌아본다면 _ 100
　　Looking Back at Your Past as a Professor of PUTS

　4 퇴임 후 계획 _ 105
　　Plans after Retirement

　5 마지막으로 하실 말씀 _ 106
　　The Last Thing You'd Like to Say

2부
나는 아직도 진화하고 있다 I'm Still Evolving

VI 나의 연구실적 목록 _ 108
List of My Research Accomplishments

1 학위논문 _ 108
Master's Thesis & Dissertation on Degree

2 저서 _ 109
Books

3 번역서 _ 113
Books Translated by Me

4 논문 / 백과사전 기사 _ 114
Academic Papers / Encyclopedia Articles

5 서평 / 논평 _ 148
Review Articles and Comments on My Books

6 서문 / 편집후기 _ 150
Prefaces / Post-Editings

7 논단 / 논설 / 시론 _ 152
　　Academic Articles / Editorials / Current Affairs

8 문예 _ 162
　　Literary Works & Poems

9 학술심포지엄, 세미나, KBS TV, 방송에서 주제강연 _ 197
　　Theme Lectures Given at Academic Symposia, Seminar,
　　KBS TV, and Broadcastings

10 인터뷰 기사 _ 217
　　Interview Articles

VII 나에 관한 연구논문과 저서에 대한 서평 목록 _ 218
　　List of Review on Research Papers and Books about My Thought

1 학위논문 _ 218
　　Master's Thesis

2 연구논문 / 기사 _ 219
　　Research Papers and Articles about Me

3 저서, 번역서, 논문에 대한 서평 _ 222
　　Peer Review on Works and Scholarly Papers Written
　　by Me

1부

존재하려는 의지
The Will to Be

I 신학과 철학 수업기*
The Age of Learning Theology and Philosophy

1 연세 대학교에서
At Yonsei University

1961년 봄은 유난히도 바람이 불었다. 신촌 로터리에서 교양과목 강의가 시작되는 성암관까지 가려면 내 걸음으로 30분이나 걸렸다. 그런데 포장이 안 된 백양로에 바람이 불면 누런 진흙 먼지가 날렸고, 또 간간이 학교로 들어가는 「한국어학당」 외국인 학생 차들이 지나갈 때마다 먼지는 바람을 타고 하늘 높이 치솟아 오르곤 했다.

나의 대학생활은 많은 호기심과 더불어 시작되었고, 시간이 흐르면서 하나씩 익혀져 갔다. 무엇을 어디에서부터 어떻게 시작해야 하는지 알 수 없어 교수님들과 선배들의 말을 귀담아들으며, 하나씩 내 나름대로 헤쳐 나갔다. 「종교와 기독교」, 「인간과 사회」, 「인간과 사상」, 「인간과 우주」 등과 같은 교양과목 강의에서 처음 들어

---

* 『크리스챤신문』 (1982. 3. 27-4. 24), 5회 연재.

보는 많은 학자의 이름과 저서 명이 나를 당황스럽게 만들기도 했으나 재미있었다. 좀 더 많은 것을 알아야겠다는 생각에 흥미를 북돋우는 강의는 내가 이해할 수 있는 범위 내에서 청강하기도 했다. 물론 내 나름의 판단이 종종 틀리기도 했으나, 다행하게도 시행착오는 많지 않았다.

전교생이 4천명도 채 안 되는 연세 대학교의 분의기는 구석구석에 기독교 정신과 서양 문화가 어느 정도 흐르고 있었다. 미국 선교사들이 많이 보였고, 그들의 강의도 여러 개나 되었다.

기독학생회(Students Christian Association) 내에도 미국 선교사들이 지도하는 동아리가 있었다. 그중 하나가 「올드 펠로우십(The World Fellowship)」이었는데 지금 에모리 대학교 총장으로 있는 제임스 레니(James Laney)[1] 목사가 지도교수였다.

■ 연대에서 철학과 신학을 폭넓게 섭취

2학년 때는 서남동(徐南同) 교수로부터 파울 틸리히(Paul Tillich)의 「문화신학」 영어 원서강독을 듣게 되었는데 어려움이 많았다. 그러나 신학 강독은 신학 용어를 익히는 데 많은 도움을 주었을 뿐만 아니라 변증신학, 해석학, 실존철학과 같은 데에 관심을 돌리게 해 주었다. 경전(經典)으로서의 성경과 신학 텍스트(text)로서의 성서가

---

[1] 제임스 레니 목사는 1993년부터 1997년까지 4년간 주한 미국대사 직을 수행했다.

분리되기 시작한 때도 이때였다.

당시 불트만의 신학과 하이데거의 철학 간의 연관성에 관한 논쟁이 지상을 통한 신학 토론의 대세였다. 교수님은 불트만의 신학 사상에서 쟁점이 되는 것을 몇 가지로 간추려 소개하기도 했다.

나의 궁극적 관심은 철학적 신학이었다. 나는 교수님으로부터 틸리히의 철학적 신학을 몇 학기에 걸쳐 체계적으로 배웠다. 틸리히는 대학원에서까지 나의 신학적 연구의 틀을 규정지어 주는 동인이 되었다.

역사신학이란 과목에서는 다양한 유형의 학설과 역사에 대한 신학적 해석이 소개되었는데 아우구스티누스, 요아킴 플로리스, 루터, 오귀스트 콩트, 니체, 슈펭글러, 토인비, 부르크하르트 그리고 콜링우드 등이 다루어졌다. 이러한 과정을 거치면서 나는 역사에 대한 틸리히의 해석에 점점 더 관심을 가지기 시작했다.

학부 졸업 때는 그래도 이제는 무엇인가 할 수 있을 것 같고, 아는 것 같았다. 지금 생각하면 퍽 순진했던 생각이었지만, 그래도 그때는 'Small Theologian'이라는 긍지 같은 것도 느꼈다.

나의 관심은 계속 철학과 신학을 오가고 있었다. 바르트 신학은 지동식(池東植) 교수님을 통하여 흡수했고, 이종성(李鍾聲) 교수님으로부터는 아우구스티누스, 루터, 칼뱅, 슐라이어마허, 브루너를 배운 기억이 지금도 생생하다.

틈틈이 시를 써서 『연세춘추(延世春秋)』에 발표도 했는데, 그럴 때마다 신학과 교수님들이 매우 좋아하셨다. 특히 김찬국(金燦國) 교수님은 대단히 기뻐하시면서 늘 고무적인 말씀을 해주셨다.

철학과 과목은 남는 시간마다 청강했고, 매우 열심히 들었다. 그때 그 인연으로 철학과 출신 친구들도 많이 사귀게 되었다.

3학년 때부터는 어느 정도 체계 없이 받아들인 여러 분야와 이것 저것 닥치는 대로 읽었던 독서 덕에 머리가 좀 커진 것 같았다. 요즘도 가끔 생각나는 스승으로는 여러 해 전에 타계하신 지동식 교수님의 얼굴과 강의하시던 모습이다. 나는 이분의 영향을 많이 받았다. 겸손, 성실, 청아한 기품, 의연한 몸가짐 등등 선비도 같은 모습이 느껴졌다.

그리고 신학에서는 서남동, 김찬국, 한태동(韓泰東), 이종성, 기독교 교육학에서는 김득렬(金得烈), 반피득(潘彼得 Peter van Lierop), 교회음악에서는 박태준(朴泰俊), 나운영(羅運永), 한국교회사에서는 홍이섭(洪以燮), 김양선(金良善), 철학에서는 이규호(李奎浩), 조우현(趙宇鉉) 등등 여러 선생님으로부터 깊은 영향을 받았다.

고학년이 되면서 직접 읽을 전문서적들이 문제가 되었다. 한국어로 저술된 개론서 몇 권과 번역서 몇 권이 그때 접할 수 있는 신학 관련 책들이었다. 선배들이 늘 말하던 것이 새삼 생각이 났다. "대학 공부를 잘하려면 영어를 잘해야 한다." 원서밖에 없는데 무엇을 읽을 것인가?

그동안 학우 중 여러 명이 신학을 포기하고 학교를 떠나갔다. 여러 이유가 있었겠으나 신앙적 갈등이 컸다고 한다. 성서신학 강의는 질문과 질문의 연속이었다. 이러는 가운데 '문화', '역사', '종교', '삶', '진리', '학문', '실존', '존재' 등등 다양한 개념이 복합적으로 얽혀져 신학 이해를 쉽게 해주었다.

사고하는 훈련은 한태동 교수로부터 배웠다. 기호 몇 개로 교회사를 모두 정리해 주셨는데, 첫 학기는 도저히 무엇이 무엇인지 알 수가 없었다. 이때 부울, 카르납, 콰인, 비트겐슈타인이라는 이름들을 들었다. 비엔나 학파에 대한 간단한 이야기도 그때는 수수께끼 같았다. 수의 개념, 기호, 상징의 의미를 음미하면서도 모든 것이 상대적이며, 인간 정신의 작용에서 표현된 것으로 이해되었다.

▍4년간 배운 신학 과목을 도서관에서 정리

1964년 가을부터는 졸업을 앞두고 진로 문제로 고민이 많았다.

대학원에 진학하기로 마음을 정했다. 대학원 입학시험을 앞두고 친구 몇 명과 중앙도서관에서 4년간 배운 모든 신학 과목을 체계적으로 정리해 갔다. 대학 4년간의 총정리였다고나 할까. 문제는 제2외국어로 독일어를 선택하려는데 대학에서 학점 따는 것으로 끝나고 더는 독일어 공부를 안 했기 때문이다. 이때부터 독일어 공부를 집중적으로 시작했다.

2 연세 대학교 연합신학대학원에서
At Yonsei University UGST

대학원에서의 신학수업은 다양했다. 거의 한국 신학계의 석학들이 매 학기 분야별로 강의를 진행해 나갔다. 나의 전공은 조직신학이므로 자연히 이 분야와 관련이 깊은 강의를 중심으로 수강했다.

이종성 교수에게서 아우구스티누스 연구, 신학 체계론(초대 교부로부터 슐라이어마허까지), 지원용(池元溶) 교수로부터 루터 신학과 스웨덴의 룬트학파 신학(아울렌, 빙그렌, 니그렌 등의 신학을 소개받음), 민경배(閔庚培) 교수로부터 종교개혁 신학 사상과 분파사, 이장식(李章植) 교수로부터 17~18세기 서양 종교 사상사, 서남동 교수로부터 현대신학의 동향(슐라이어마허에서 시작하여 넬스 페레, 판넨베르크, 과정 신학에 이르기까지 광범위한 소개), 정하은(鄭賀恩) 교수로부터 기독교 윤리학, 이규호 교수로부터 현대철학 및 교육철학 독어 강독, 이외에 몇 과목을 청강으로 열심히 들으며 연구에 전념했다.

그러나 대학원에서 가장 보람 있게 느꼈던 것은 각 신학대학 출신들과 같이 공부하며 사귈 수 있었던 점이다. 현재 그때의 친구들이 각 신학대학의 중진 교수로 한국 신학계를 이끌어가고 있으며, 요즘도 가끔 만나면 그때 연신원의 학문 분위기를 이야기하곤 한다. 지금은 한갓 지나간 추억일 뿐이다.

▌다른 대학 출신들과 폭넓게 대화 나눠

대학원 첫 학기에 내가 학문적으로 만난 위대한 신학자는 마르틴 루터다. 지원용 교수의 「루터 신학연구」에 수강한 학생들은 첫 시간에 제럴드 브라우어와 자로슬라브 펠리컨이 집필한 『루터교의 종교개혁(The Lutheran Reformation)』(1955년 미국 루터교 교단과 미주리 루터교 연합회에서 출판됨)이란 원서 한 권씩을 받았다. 세미나 참석자들은 5명이었는데, 많은 과제와 발표를 해가면서 새로운 것을 폭넓게 배웠다. 영어 원서들을 자유롭게 인용해 가며 우리에게 깊은 인상을 심어준 지원용 교수는 매우 꼼꼼하고, 세밀하게 우리를 지도해 주었다. 그래서 그다음 학기에도 교수님 과목을 수강했다. 프린트해서 주는 과제들은 영어로 된 것들이었다.

이제 신학을 체계화하는 것이 무엇보다 중요하다고 생각한 나는 학부에서 산발적으로 주워 모은 단편적인 지식을 대학원 세미나 시간에 어떻게든지 연관시키려 시도했다.

1966년 5월 30일(월)부터 연합신학대학원 주최 제1회 전국 신학대학생 학술세미나가 열렸다. 그때 나는 신학 세미나의 제3 주제인 「한국기독교와 신 죽음의 신학」이라는 특강을 했다. 곧이어 질의응답이 시작되었고 찬반의 토론이 계속되었다.

그 당시 에모리 대학교의 토마스 알타이저(Thomas Altizer)와 골게이트 로체스터 신학교의 윌리엄 해밀턴(William Hamilton), 템플 대학교의 파울 반 뷰렌(Paul Van Buren) 등과 같은 소장 학자들은 극단적 무신론을, 독일 신학자 하인즈 차른트(Heinz Zahrnt)는 기독교 유신론의 옹호를, 시카고 대학교의 랭던 길키(Langdon Gilkey) 교수는 '하나님의 실재성'을 입증하기 위하여 역설적인 의미로 무신론을 주장했다. 다른 한 편 앤도버 뉴턴 신학교의 하비 콕스(Harvey Cox)는 새로운 종교사회주의 신학 이론에 기초하여 "교회는 더는 참된 삶에 간섭하지 말라"라고 선언했다. 새로운 형이상학의 추구를 목적으로 하는, 화이트헤드의 영향을 받은 존 B. 캅(John B. Cobb), 새로운 우상파괴주의를 표방하는 가브리엘 바하니안의 온건한 입장이 60년대 중반 세계 신학계의 한 흐름이었다.

▍파울 틸리히의 역사철학 연구

틸리히는 역사를 "삶의 모호성"으로, 역사적 사건을 사실과 해석의 유기체로 해석한다. 그는 교회를 신국(神國)의 표본이라고 역설한다. 교회는 실존과 의미가 그리스도 안에서, 새로운 존재 안에서 형성된 사회적 집단이며, 역사 안에서 구현된 신국의 표본이라는 것이다. 신국이란 "역사란 무엇인가?"란 질문에 대한 대답이라는 것이다. 이 점에서 "세계에 참여하는 인간의 실존이 역사적 실존이다"라고 보는 기독교 철학자 니콜라스 베르댜예프와 유사하다.

틸리히의 신학은 논리적으로 명료할 뿐만 아니라 철학적으로도 심오하기에 많은 철학적 지식을 동반해야 그 핵심을 정확하게 이해할 수 있다. 나는 틸리히의 책을 읽다 접어두고 철학서들을 탐독하고 나서 다시 펴 읽기도 여러 번 했다.

그의 역사철학은 키르케고르의 "시간과 영원의 영원한 질적 차이"를 구상화한 패러독스(paradox)란 개념과 지오바니 바티스타 비코의 "역사는 과정과 순환의 율동으로서 나선식으로 상승한다"는 이론, 칼 마르크스의 유물론적 변증사관이 삼원일체로 결합된 학설이다.

틸리히가 제1차 세계대전 후에 시도했던 종교사회주의 역사관은 매우 이상적이었다. 그의 역사철학은 중세의 요아킴 플로리스나, 절대적 변증사관에 사로잡혔던 헤겔, 마르크스, 그리고 신화의 시대에서 철학의 시대를 거쳐 과학의 시대로 역사가 진화했다고 해석한 오귀스트 콩트의 실증주의적 역사관과 마찬가지로 실패했다. 이 신비주의적이며, 이상주의적인 그의 절대 사관은 카이로스(Kairos)란 실재에 모두 포용 되어있다.

어쨌든 나는 틸리히의 신학과 만남에서 프로테스탄트 원리에 입각한 그의 사상을 마음껏 호흡할 수 있었다. 그는 삶이란 영원한 존재의 빛 아래서만 궁극적인 확신을 보존할 수 있으므로 신중심주의적 비전을 견지하고 있어야 한다고 역설한다.

1965년 11월 22일 자 『연세춘추』(제413호)에 「파울 틸리히의 신학적 방법론」에 관한 나의 논문이 실렸다. 『연세춘추』 편집부로부터 받은 원고 청탁이었다. 신과대학 모 교수가 나에게 글을 부탁하라고 추천해 주었다. 그로부터 1년 후에는 『파울 틸리히의 역사철학 연구』라는 신학석사 학위논문을 끝냈다. 주임교수였던 이종성 박사님께 제출했다. 일주일 후에 원고를 돌려받았는데 손볼 곳이라고는 한 군데도 없었다. 이 박사님은 대단히 만족해하셨다.

3 뮌헨 대학교에서
At the University of München

1968년 9월 9일은 아주 화창한 날이었다. 출국 준비를 하느라고 몇 개월 동안 바쁘게 지냈던 일들이 뇌리를 스쳐 지나갔다. 나는 초조한 마음과 약간 흥분된 기분으로 유학길에 올랐다. 뮌헨 대학교 철학부의 입학허가서와 대학 본부에서 요구하는 서류들도 빠짐없이 챙겼고, 뮌헨 대학교 부속 유학생을 위한 독일어 어학원 허가서도 받아 놓았으므로 별로 어려움이 없다고 생각하며 비행기에 올랐다. 방콕과 암스테르담에서 하룻밤씩 묵고, 프랑크푸르트 친구 집에서 이틀 지내고 9월 13일 뮌헨 공항에 도착했다.

뮌헨은 가톨릭교의 영향과 자유로운 바이에른주의 분위기로 말미암아 어두우면서도 밝은, 아주 묘한 대조를 이루고 있었다. 뮌헨 사람들은 "바이에른은 독일의 주(州) 가운데 하나가 아니고 자유국가"라고 말한다. 그리고 어떤 이들은 "뮌헨은 유럽의 심장"이라고 부르기도 한다. 문화·예술계 인사들의 다양한 창작 활동, 수십 개의 전시회와 공연 및 문화행사 등이 도시를 더욱 박진감 넘치는 공간으로 만들어간다.

■ 슈테크뮐러 학파의 영향 크게 받아

뮌헨 대학교 철학부는 그 당시 소위 「슈테크뮐러 학파」라고 하는 독일의 분석적 과학철학이 정립되기 시작하던 곳이다. 볼프강 슈테크뮐러(Wolfgang Stegmüller)는 1923년 6월 3일 오스트리아 인스브루크 근처 나터스에서 태어났다.

『현대철학의 흐름』(1952), 『형이상학-회의-과학』(1954), 『진리 문제와 의미론의 이해』(1957), 『불완전성과 비결정성』(1959), 『신앙, 지식, 인식』(1965), 『과학적 세계인식의 문제와 일치성』(1967) 등을 비롯하여 「인과율의 문제」(1960), 「비트겐슈타인의 영상이론」(1966), 「칸트의 경험 형이상학」(1968) 등의 단편들이 그의 사상을 대변하고 있다.

그의 과학철학은 아헨 대학교 크리스티안 티일(Christian Thiel) 교수의 구성주의적 과학철학(Konstruktive Wissenschaftstheorie)과 대조를 이룬다. 티일 교수가 경험주의 과학이론과 기호논리학을 발전시켜 파울 로렌첸(Paul Lorenzen), 빌헬름 캄라(Wilhelm Kamlah) 등과 「에를랑겐 학파(Erlanger Schule)」의 중추를 이루고 있는 반면에, 슈테크뮐러는 영미의 분석철학 쪽으로 기울어져 있었다.

그 당시 뮌헨 대학교 철학부는 슈테크뮐러 학파가 지배하고 있었으며, 레겐스부르크 대학교의 폰 쿠체라(Franz von Kutschera)와 뮌헨 대학교의 빌헬름 에쓸러(W. K. Essler) 등등 여러 제자가 계속 슈테크뮐러의 이론과 사상을 계승하여 보급하고 있었다.

내가 뮌헨에 갔을 때는 이러한 분위기가 이미 독일 철학계의 한 분파를 형성해가고 있었다. 영미 철학은 '히피 문화'와 더불어 독일 내의 각 대학도시로 빠르게 전파되었다. 게다가 '프라하의 봄'에 망명해온 체코슬로바키아 지식인들의 조국 해방운동과 프랑스의 학생혁명(1968), 동시다발적으로 일어났던 유럽 각국의 학생운동 및 노동운동 등등 여러 가지 이념이 자유분방한 뮌헨의 공기를 더욱 활력 있게 했다.

다른 한편 뮌헨 대학교 철학부에는 스콜라 철학과 신학에서 벗어나기 위해 새로운 형이상학을 시도하던 알로이즈 뎀프(Alois Dempf)의 영향도 흐르고 있었다. 그즈음까지만 해도 뮌헨 대학교의 철학은 스콜라주의 색채가 강했다.

뎀프는 보편주의에 근거하여 범주론과 사회철학 계통을 이룩한 오트마르 슈판(Othmar Spann), 『육체와 영혼의 문제』(1933), 『과학과 세계관』(1936), 『자유의 철학』(1947) 등에서 철학에 대한 새로운 해석을 시도한 알로이즈 벤즐(Alois Wenzl) 등과 마찬가지로 그 나름대로 새로운 형이상학을 이룩하였다.

교육학과에서는 문화철학에 초점이 맞추어진 교과과정이 교육학의 한 분야를 이끌고 있었다. 이러한 경향은 삶을 형성하는 척도가 지각과 가치라고 역설했던 1세대 이전의 교육철학을 답습한 것이다. 이 이론은 슈프랑거(Ed. Spranger)의 교육철학이 지향했던 「문화교육학」과 매우 유사하며, 오토 프리드리히 볼노브(Otto Friedrich Bollnow)의 「교육학적 인간학」과 지향점이 대동소이하다.

내가 뮌헨에서 호흡한 것은 다양한 문화와 자유로운 학문 분위기 및 대학의 자유와 낭만이었다.

■ 뮌헨에서 자유로운 학문 분위기 호흡

가톨릭 신학부에서는 뮌스터 대학교의 칼 라너 교수나 튀빙겐 대학교의 한스 큉 교수와 비교되는 하인리히 프리즈(Heinrich Fries) 교수가, 개신교 신학부에서는 방금 마인츠 대학교에서 옮겨온 판넨베르크(W. Pannenberg) 교수가 조직신학 강의를 하고 있었다.

성탄 방학 동안(12월 20일~1월 6일) 텅 빈 기숙사에서의 고독은 음악 듣기와 독어 공부, 편지 쓰기로 보냈다. 2월 중순부터 한 주일 동안, 도시 전체가 카니발로 들떠 있었다.

이제 곧 봄이 오겠지. 봄이 오면 북쪽으로 떠나야 한다. 볼노브 교수 밑에서 공부하러 튀빙겐 대학교로 가는 것이다.

4 튀빙겐 대학교에서
At the University of Tübingen

튀빙겐 대학교(1477년 설립)의 깊은 역사는 나에게 신학과 철학에 대한 관심을 더욱 북돋아 주었다. 1484년 이후 오캄주의자인 가브리엘 비일(Gabriel Biel)이 신학을 가르쳐 왔으나, 16, 17세기에는 루터 정통주의로 신학부가 재구성되었다. 이때는 이미 볼프의 철학에 물든 빌핑거(Bilfinger)가 있었으나 경건주의나 계몽주의는 큰 세력을 갖지 못했다.

오늘날 튀빙겐 개신교 신학부의 윤곽은 1777년부터 이곳에서 가르쳤던 스토르에 의해서 형성되었다. 그는 자신의 제자들과 더불어 소위 「튀빙겐 노장 학파」를 형성했으며, 이들의 온건한 초자연주의적 신학과 성서주의는 그 후 튀빙겐 신학의 특색이 되었다.

1826년부터는 바우어가 튀빙겐 신학부를 신학적-역사적으로 절정에 끌어올렸다. 바우어와 그의 제자들의 신학 경향은 소위 「튀빙겐 소장 학파」로 지칭되곤 하는데, 이들의 신학 방법은 역사-비평적이었다. 바우어의 신학은 기독교의 역사를 사변적으로 파악하려는 것이며, 역사의 발전에서 이해하려는 시도였기 때문에 많은 비판을 받았다.

19세기 중엽부터는 요한 토비아스 벡크(J. T. Beck), 중재신학 경향에 입장을 둔 란데러와 팔머, 신약신학에서 독창적 입장을 취한 칼 바이쩨커, 19세기 말엽에는 알브레히트 리츨의 신학에 초점을 두었던 고트쉬크와 헤어링 등이 새로운 신학의 물결을 일으켰다. 신약신학자 아돌프 슐라터와 교회사가 칼 뮐러는 튀빙겐 신학부의 윤곽을 오랫동안 개성 지어 주었다. 1920년부터 조직신학자 칼 하임이 튀빙겐 대학교에서 가르쳤다.

▌ 튀빙겐의 깊은 역사, 나의 수업 북돋워

나는 이러한 신학적-역사적 전(前) 이해를 통해서 튀빙겐 대학교의 학문적 분위기에 동화되기 시작했다.

내가 유학하고 있을 당시 튀빙겐 신학부에서는 함부르크 대학교에서 1962년에 이곳에 옮겨온 하트무트 게제 교수가 창세기 주석을, 신약 분야에서는 1962년에 정교수로 임명된 프리드리히 랑과 이미 육순에 들어선 케제만 교수가 10년 전부터 강의를 하고 있었다. 라인하르트 슈바르츠가 루터 세미나 외에 아우구스티누스 신학 강의를 했다. 에른스트 슈타인바흐는 종교철학과 기독교 윤리학을, 에른스트 닙코우는 종교교육학을 교수하고 있었다.

튀빙겐 대학교에서 나의 신학수업은 조직신학 분야에 집중되었다. 신론에 관한 몰트만 교수의 강의는 블로흐의 『희망의 원리』가 전제되어 있었다. 몰트만의 『희망의 신학』은 세속화와 '신 죽음의 신학'에 대한 안티테제로서 1964년 세계 신학계에 마치 20세기 후반기의 신학을 예견한 선언인양 던져졌고 불과 2년 만에 6판이나 거듭되어 네덜란드어와 영어로 번역되었다. 그의 『신학적 인간학』은 나에게 깊은 영향을 주었다.

둘째 학기에 수강한 게스트리히 박사의 「변증신학의 시작」이란 세미나와 슈트렁크 박사의 「신의 자기증명」이라는 세미나는 매우 조직적이고 어려웠던 것이 지금도 나의 기억에 생생하다. 안셀무스의 『프로스로기온(Proslogion)』과 칼 바르트의 『이해를 추구하는 신앙(Fides guaerens intellectum)』이 교재였다.

나보다 몇 학기 후에 오인탁(吳麟鐸) 군(현재 연세대 교육학과 교수)과 김균진(金勻鎭) 군(현재 연세대 신학과 교수)이 튀빙겐에 왔다. 우리는 각자 훌륭한 스승 밑에서 학문의 깊이와 폭을 넓혀가며 학업에 정진했다.

나는 그 당시 주로 현대철학을 중심으로 공부했다. 발터 슐츠의 철학사는 강의 중 명강의였다. 내가 튀빙겐 대학교를 떠나기 전까지 한 학기도 빠지지 않고 들은 강의는 슐츠 교수의 철학사 강의와 볼노브 교수의 「철학적·교육학적 콜로키움」이었다.

슐츠 교수의 서양철학사에 대한 관념론적 조명과 볼노브 교수가 취하고 있는 딜타이-슈프랑거 계열의 해석학적·생철학적 입장, 그리고 교육학적 인간학과 교육철학의 문화적 이해는 지금도 나의 강의와 글줄에서 흐르고 있다.

예니히 교수에게서 미학, 폰 프라이탁 교수에게서 논리학, 파렌바하 교수에게서 언어철학, 큄멜 교수에게서 인식론, 해석학, 그 외에

덴커, 로디, 크레빌, 반드슈나이더에게서 이데올로기, 소외론, 인간학, 관념론, 논리적 사고 등과 같은 철학 연습을 할 수 있었던 것도 퍽 좋은 기회였다.

■ 헤겔 탄생 2백 주년 기념총회에 참석하는 영광도

1970년 여름에 1주일간 슈투트가르트 국제회의장(Kongreßhalle)에서 헤겔(G. F. W. Hegel) 탄생 2백 주년을 기념하는 「세계 헤겔 학회 정기총회」가 개최되었을 때 참석했던 것은 1969년 6월 중순에 슈바르츠발트에 은거하고 있던 마르틴 하이데거(M. Heidegger)를 방문했던 일과 더불어 튀빙겐 시절 내가 경험한, 인상 깊었던 사건이었다.

이즈음 나의 관심은 에를랑겐 학파로 쏠리기 시작하였다. 이 학파의 초석을 세운 한 사람이 크리스티안 티일(Christian Thiel) 교수다. 그는 에를랑겐 대학교와 미국 텍사스 대학교에서 교수하다 아헨 대학교 교수로 부임하였는데 그의 논문들이 나를 매혹했다. 나는 1973년 5월에 그에게 편지를 띄웠고 며칠 후에 곧 답장을 받았다. 개인적으로 만나서 이야기를 하자며 아헨으로 초청했다. 나는 아내와 함께 아헨에 올라가 그의 집을 찾아갔다.

오랜 대화 끝에 박사 논문 분야와 주제가 결정되어 홀가분한 마음으로 튀빙겐 행 열차에 올랐다. 1973년 여름학기를 마치고 7월 하순 아헨을 향해 새벽 4시에 집을 나섰다.

5 아헨 대학교에서
At the RWTH Aachen University

아헨 대학교에서는 철학, 신학, 교육학을 심화하기 위한 집중적인 연구와 체계적으로 총정리하기 위한 시간을 투입했다. 로테르트(Hans-Joachim Rothert) 교수에게서 조직신학, 기독교 윤리학 등을 거의 매 학기 들으면서 나는 '과학으로서의 신학'에 대한 철학적 조명을 독자적으로 해나가기 시작했다.

로테르트 교수는 틸리히의 신학에 대한 해석에서는 괴팅겐 대학교의 트릴하스와, 기독교 윤리학에서는 함부르크 대학교의 틸리케와 대조를 이루는 신학자다. 그의 연구 분야는 조직신학사, 기독교 윤리학, 루터 연구, 슐라이어마허 신학, 현대신학 등이다.

그는 본(Bonn) 대학교 조직신학 교수면서 그의 제자들과 함께 아헨 대학교에서 신학의 핵심 과목들을 이끌어갔다. 나는 그에게서 철학적 신학과 기독교 윤리학에 대한 새로운 자극을 받았다. 그는 클롬프스 교수의 「신학의 철학적 한계 문제」나 존네만스(Heino Sonnemans)의 「철학과 조직신학 간의 한계 문제」에 대한 가톨릭 신학의 주장 등등 이러한 이론을 비판하며, 양자 간의 상관관계를 역설하였다.

■ 철학, 신학, 교육학을 집중적으로 정리

크리스티안 티일 교수의 세미나에서는 「프레게의 논리학」, 「논리학에 대한 역사 서술」, 「수리철학」, 「수리논리학」 등이 중심 주제로 다루어졌다. 그는 『G. 프레게의 논리학에서의 감각과 의미』(1965), 『형식 논리학』(1973), 『기초위기와 기초논쟁: 수학과 사회과학의 보기에서 본 과학의 규범적 기초에 관한 연구』(1975), 『철학과 수학』(1982) 등을 비롯하여 다수의 전문서적을 저술했으며, 철학, 수학, 논리학 등에 관한 50여 편의 학술논문을 발표했다.

티일 교수는 미국, 영국, 스페인, 이탈리아, 네덜란드 등에 초빙교수로, 독일 철학 학회에서는 가장 예리한 학자의 한 사람으로서 많은 활동을 하며 일본 철학계에서도 로렌첸과 더불어 에를랑겐 학파 대표자의 한 사람으로 널리 알려진 철학자였다.

에를랑겐 학파는 브로우워와 겐트첸에게서 논리학을, 포앙카레와 바일에게서 수학적 지식을, 듀헴과 딩글러에게서 자연과학이론을 딜타이에게서 해석학, 헤겔에게서 변증법, 막스 베버에게서 이해의 방법론을 수용한 후 고유한 입장으로 정립하여 과학의 새로운 주류를 이루었다.

이 학파는 에를랑겐, 콘스탄츠, 함부르크, 자르브뤼켄, 아헨 대학교와 오스트리아에서 활기를 띠면서 판도를 넓혀가고 있었다. 이 학파의 구성주의적 과학철학은 심리학, 사회학, 국제경제학, 경영학, 신학, 윤리학, 역사학, 수학과 물리학 등에 응용되고 있으며, '과학 비판으로서의 과학철학'을 방법론으로 규범화하려 한다.

나는 가체마이어(Matthias Gatzemeier) 교수에게서 예술철학과 과학적 신학(구성주의 신학)을 배웠다.

아헨 대학교 철학부의 학풍은 매우 진보적이며 개방적이다. 전통에 얽매이지 않는 학문 분위기와 역사적 기초에 향수를 두지 않고 오직 인류의 미래를 위해 지향하려는 연구 정신은 전 유럽에서 제일 크며, 세계적으로도 유명한 공과대학(학생 2만 5천, 교수진 1천3백여 명, 1백여 개 국가에서 온 3천여 명의 외국 유학생)의 자연과학적 학문성으로부터 영향을 받은 듯하다.

많은 과목이 순환강의(Ringvorlesung)로 운영된다. 예를 들면 「수리철학」, 「사고와 언어」, 혹은 「생명의 문제」 등과 같은 과목들은 각계의 권위 있는 학자들로 구성된 교수진이 전공이 서로 다른 다양한 학생들을 상대로 매주 돌아가며 발제하고 함께 토론하는 형식으로 진행된다. 특히 교육학과에서의 이러한 시도는 모델 연구로서 집중적으로 다루어졌다.

1970년대 전후로 독일 교육학계의 소장 학자들은 마이크로티칭, 교수참관 교수법, 원격수업에 대한 방법론 개발, 직업교육을 위한 파일럿 교수법, 컴퓨터로 보조되는 수업 등과 같은 교육학의 새로운 모델들을 개척해가고 있었다. 이런 새로운 시도는 종종 교육공학과도 많은 접촉을 하며, 블록 세미나로 연구되었다.

그러나 나에게 깊은 영향을 미친 교육철학자는 비르켄바일(E. J. Birkenbeil) 교수였다. 그는 「20세기 교육철학」, 「실존적 교육학」, 「교육학의 조직설계」, 「종교교육학의 자기 이해」 등과 같은 분야를 교수하면서 교육학을 철학적인 방법과 기초에서 정립하려

했다.

그의 주저인 『기독교 교육학(Christliche Erziehung)』은 가톨릭 종교 교육학이었지만, 관점의 차이에도 불구하고 이해하는 데 어려움은 없었다.

▌ 라브스의 과학개념과 과학건축술로 박사학위

드디어 철학박사 학위 취득에 필요한 모든 과정을 마쳤다. 1975년 7월 4일(금), 나는 아헨 대학교 총장본부(Rektoramt)에 1) 박사학위 과정 승인 신청서와 2) 철학을 주전공으로 신학과 교육학을 부전공으로 선택하려는데 허락해 줄 것을 청원하는 두 가지 서류를 제출했다.

학위논문 제목은 「게오르그 레온하르드 라브스의 과학개념과 과학건축술(Wissenschaftsbegriff und Wissenschaftsarchitektonik bei Georg Leonhard Rabus)」로 결정했다. 라브스에 대하여는 1936년에 슈타믈러(Gerhard Stammler)가 그를 구성주의자로 규정했고, 1964년에 티일 교수가 그의 생애를 『프랑켄 지방연구 연감』(24호)에 약술했으며, 미국 텍사스 대학교의 앙게렐리(Ignacio Angelelli) 교수가 쵸허의 팔순기념논문집 『전통과 비판』(1967)에서 라브스의 논리학에 관한 문헌들을 소개한 바 있다.

논문의 내용은 라브스의 4부 구성적 과학이론을 모두 다루면서 체계화해야 했는데, 그는 철학을 자연과학, 신학(실천신학, 역사신학, 조직신학, 규범신학), 인간학(윤리학, 미학, 논리학, 심리학), 신지학의 일원적 유기체로 보면서 "과학 중의 과학"으로 정의한다. 프레게, 에르트만, 울리치, 분트, 볼차노, 지그바르트, 트렌델렌부르크, 베르크만 등과 동시대의 철학자였으며, 그들과는 여러 면에서 다른 철학자였다.

라브스는 1835년 5월 1일 뉘른베르크 근처 뵈어드(Wöhrd)에서 출생하여 라이프치히 대학교에서 철학박사(1858), 하이델베르크 대학교에서 교수자격 논문 통과 (1861), 하이델베르크, 슈파이어, 에를랑겐 대학교 교수로 많은 저서를 남겼다.

그의 저서로는 『군주론 원리』(1862), 『논리학 개요』(1863), 『논리학과 형이상학』(1868), 『철학의 본질과 타학문에 대한 위치』(1871), 『철학과 신학』(1875), 『학문의 자유에 대하여』(1893), 『논리학과 학문의 체계』(1895), 『기독교 철학에 관하여』(1895) 등이 있다.

그는 1916년 10월 16일에 에를랑겐에서 생을 마쳤다. 그에 관한 연구는 결국 나로 하여금 방대한 영역을 모두 다루게 했다. 1978년 7월 21일 철학, 신학, 교육학에 대한 종합 구술시험(Rigorosum)을 치렀다. 인쇄된 학위논문 160권을 학교에 제출하고, 1978년 8월 10일 논문제목과 「Sehr gut」(magna cum laude)이라고 성적이 인쇄된 4절지 크기의 박사 학위증(Dr. phil.)을 받았다. 우등으로 졸업한 것이다.

II 한숭홍: 광나루 지성의 생애와 사상*
Soong-Hong Han: Life and Thought

1 성장과정
Growth Process

편집부 : 새 학기가 시작되어 강의, 세미나 등으로 바쁘실 텐데도 불구하고 인터뷰를 위해 시간을 내주셔서 감사합니다. 교수님의 성장과정과 학창시절 이야기를 먼저 들었으면 합니다.

나는 1942년 4월 8일, 평안북도 강계(江界)에서 태어났습니다. 강계는 겨울이 길고 추운 곳입니다. 강계는 미인과 포수의 고장으로도 잘 알려져 있습니다.

우리 가족은 1947년 월남했어요. 월남해서도 나는 집안에서 나날을 보내야 했습니다. 3살 때 소아마비에 걸렸는데 당시엔 소아마비

---

* 장신대 교지편집위원회 편. "한숭홍: 광나루 지성의 생애와 사상." 『사건 Simulacre』 통권34호(2004. 9), pp. 189-234.

에 걸리면 전신마비나 부분마비가 됩니다. 저도 처음에는 전신마비였으나 기적같이 왼쪽 다리 하나만 마비되었습니다. 이 정도로만 된 것도 다행이라고 생각합니다. 어린 나이에 월남했기에 이북에 대한 정서는 거의 없습니다.

6·25 전쟁 때는 부산으로 피난을 갔습니다. 당시 피난 학교가 산 위에 있어서 등하교 때 힘들었던 기억이 납니다. 나는 다니는 데 불편을 느끼기는 했지만, 장애인이라는 이유만으로 중학교에 입학할 수 없다는 불합격 처리의 변을 듣고 큰 충격을 받았습니다.

어머니께서 "몸이 불편하다고 합격한 학생에게 입학을 불허하는 이유가 뭐냐?"고 교장에게 따졌더니 "덕수(德壽) 중학교는 주판을 놓는 학교라 불구자(不具者)는 안 된다"는 게 교장의 답변이었습니다. "아니! 주판을 손으로 놓지 발로 놓습니까? 우리 아들은 비록 다리는 못 쓰지만, 손은 멀쩡합니다"라며 어머니가 받아쳤지만, 교장의 태도는 요지부동이었습니다.

부모님께서 문교부와 여러 신문사에 연락했던 게 압력이 되었는지, 두어 주 후에 등교하라는 연락을 받았습니다.

나는 중학교 3년 내내 우울하고 기분이 가라앉은 상태로 지냈습니다. 그때 성격도 소극적으로 형성된 것 같습니다. 외출하는 게 힘들어 주로 학교와 집만을 오가는 생활을 했습니다. 이런 나를 위해 아버님이 전축(독일제 Nordmende)과 텔레비전(미제 Philco)을 사서 방에 넣어주셨습니다. 어머니는 서양 LP판을 자주 사다 주셨습니다. AFKN-TV 보면서 집 안에서 주로 지냈습니다.

고등학교에 진학할 즈음에 서정권 선생님이 교장으로 부임해 오셨고, 교감을 비롯하여 많은 선생님도 바뀌어 학교 분위기가 완전히 달라졌습니다. 서정권 선생님은 인격자였으며, 교육자다운 교육자였습니다. 조회시간에는 젊은 학도들이 폐허 된 한국을 일으켜 세울 역군이므로 야망과 비전을 갖고 미래를 개척해가라는 요지의 훈화를 자주 하셨습니다. 졸업생들의 취직률이나 주판 대회 몇 등 했다는 이야기가 조회의 요지였던 중학교 때 교장과는 대조적이었습니다.

  나는 고등학교에 진학하며 친구도 사귀고, 영작 실력을 키우기 위해 여러 나라 사람들과 펜팔도 하며 학창시절을 즐겼습니다. 교회생활도 열심히 하며 목사님의 영향도 많이 받았습니다.

2 대학시절
During the Times at Yonsei University

1961년 2월 나는 덕수상업고등학교를 졸업했습니다. 주야간 학생 600명 가까이 졸업했는데, 서울대에 2명, 연세대에 3명이 합격했습니다. 서울대 상대에 간 친구는 고등학교 시절 가장 친한 친구였습니다. 다른 친구는 연세대 상대와 정법대에, 나는 신과대에 들어갔습니다.

나는 초등학교를 여동생과 같이 다녔습니다. 여동생은 자신의 나이보다 1년 일찍 입학했고, 나는 1년 늦게 입학하게 되었습니다.

대학 입학시험도 같은 해 치렀습니다. 이화여대는 연대보다 하루 먼저 합격자 발표를 했습니다. 딸은 합격했는데 아들이 떨어지면 어떻게 하나 걱정하시며 어머니는 길고 긴 밤을 기도로 보내셨다고 합니다. 우리 둘이 합격했다는 소식을 듣고 친척들과 이웃들이 경경사가 났다며 진심으로 축하해주었습니다.

이 무렵부터 나는 교육학에 관심을 가지기 시작했습니다. 집에서 보내는 시간이 많다 보니, 여동생의 책들도 많이 읽게 되었습니다. 교육학은 인간을 만드는 학문이라 흥미를 더 느끼게 되었습니다.

대학 4년 동안 나는 기독학생회 내의 「월드 펠로우십(The World

Fellowship)」이라는 동아리에 들어가서 활동했습니다. 미국 선교사가 지도교수로 있는 동아리였습니다. 지도교수의 설교와 학생들의 주제 발표, 그리고 토론과 친목의 순서로 짜인 신앙 모임이었습니다. 매주 목요일 정동교회 젠센홀에서 모였는데, 나는 4년 동안 빠지지 않고 참석했습니다. 그때 그 활동을 통해 여러 학과 친구들을 많이 사귀게 되었습니다. 그리고 철학과 수업을 많이 들어서 철학과 친구들도 많이 사귀었습니다. 광신대학교 총장인 정규남(丁圭男) 박사도 그때 사귀게 되었습니다. 그분은 신학과에 와서 자주 수업을 들었습니다.

1965년 2월 신과대학을 졸업하고 연합신학대학원에 진학했는데, 이때 여러 교파의 친구들을 사귀게 되었습니다. 김이곤(金二坤), 문전섭(文全燮), 하해룡(河海龍), 박창건(朴昌建), 김재은(金在恩), 유춘자(柳春子), 윤현(尹鉉) 등을 비롯하여 여러 신학교에서 온 학생들을 만났습니다. 나는 묵정동에 있는 신광교회에 계속 출석하며 교사와 성가대원으로도 활동했습니다.

그 당시 연합신학대학원의 교수진은 쟁쟁했습니다. 나는 이종성(李鍾聲) 교수, 숭실대 기독교박물관 관장이며 교수이신 김양선(金良善) 목사의 수업을 들었습니다. 서남동(徐南同), 김정준(金正俊) 교수의 강의도 들었습니다. 감신대의 윤성범(尹聖範) 교수, 한신대의 정하은(鄭賀恩) 교수로부터 기독교 윤리학, 이장식(李章植) 교수로부터 기독교 사상사를 배웠습니다. 루터교 신학교의 지원용(池元溶) 교수로부터는 마르틴 루터의 신학을 배웠습니다. 철학과의 이규호(李奎浩) 교수에게 교육철학 강의를 들었습니다. 그리고 여러 신학교에서 오신 교수들과 학생들을 통해 신앙과 신학의 다양성을 접할 수 있었습니다. 불교학자 이기영(李箕永) 교수와 유교학자 유승국(柳承國) 교수의 특강도 기억납니다.

편집부 : 음악을 많이 들으셨다고 하셨는데 당시 들었던 음악은 어떤 종류입니까?

특별한 장르의 음악을 들은 것은 아니었습니다. 음악성을 가지고 전문적으로 들은 것도 아닙니다. 집에 있는 LP 음반(거의 서양 고전음악과 민요들)을 자주 듣곤 했습니다. 그리고 라디오에서 나오는 일반 유행가나 팝, 지명관(池明觀), 김형석(金亨錫) 등 여러 명사의 에세이, 기독교방송의 성가와 설교도 많이 들었습니다.

편집부 : 교수님의 동생들의 신앙은 어떠하신지요?

내 밑으로 동생이 다섯 명 있는데, 저들은 모두 교회생활을 열심히, 모범적으로 하고 있습니다. 바로 밑의 여동생은 연대에 입학한 친구 중 상대에 들어간 친구와 결혼했는데, 지금은 권사로, 남편은 장로로 서교동 교회를 섬기고 있습니다. 둘째는 남동생인데, 부부가 영락교회 장로와 권사로 봉사하고 있습니다. 셋째 동생은 미국에 이민 가 있는데, 그곳에서 신앙생활을 하고 있습니다. 나머지 동생들도 제직회 활동을 하며 교회에 헌신하고 있습니다.

편집부 : 대학시절 시를 잘 쓰셨다고 들었습니다.

대학 동아리 선배 중, 행정학과에 다니는 최연홍이라는 친구가 있었는데, 대학 2학년 때 문단에 등단한 시인이었습니다. 내가 1학년 때 그 선배는 3학년이었는데, 서로 생각과 취미가 비슷해서 친하게 지냈습니다. 그 당시 내가 시를 쓰면 시의 음색 조정과 평을 해 주기도 했습니다. 예를 들어 시어(詩語)가 너무 감상적이라 시상을 떠오르지 못하게 한다든지, 언어적 표현과 운율이 맞지 않는 점들을 짚어주었습니다.

고등학교 때부터 시를 쓰긴 했지만, 그 선배를 통해 시에 좀 더 접근하게 되었습니다. 『연세춘추』에 여러 차례 발표도 했습니다. 영시도 두 번 연세 영자지, 「The Yonsei Annals」에 발표했습니다. 나는 문학 쪽에도 관심이 있었지만, 나에게 문학성이 있다고 생각한 적은 없습니다.

▎서남동 교수의 영향

편집부 : 교수님의 새로운 모습을 보는 것 같습니다. 감수성이 풍부하신 어린 시절이었던 것 같습니다. 대학이나 대학원에서 공부하던 시절, 어느 분의 영향을 많이 받았습니까?

내 신학의 양 기둥은 서남동과 이종성입니다. 이종성 교수는 신앙

일변도가 아닌 학문성을 강조하셨습니다.

서남동 교수로부터는 학문하는 태도와 인간성을 배웠습니다. 선생님은 학교 내 사택에 계실 때 지하실을 본인의 서재로 쓰셨습니다. 그리고 그곳에 내려가면 어느 누가 오더라도 나오지 않았다고 하는군요. 면회 절대 사절인 셈이지요. 연구에 방해받지 않으려는 것입니다.

교수님은 한 번도 같은 강의를 재탕하지 않으셨습니다. 늘 공부하는 학자였는데, 남의 소리를 앵무새처럼 흉내 내기 위해서가 아니라 자신의 작품을 만들어 내기 위해서였습니다. 당시 선생님의 가르침을 전부 이해하지는 못했지만, 강의 내용이 늘 새롭다는 느낌을 받았습니다.

그 당시 '신 죽음의 신학(The Death of God Theology)'이 신학적 화두의 쟁점이었습니다. 알타이저, 해밀턴, 바하니안 등등 다수의 소장 학자들이 담론화하며 미국 기독교 잡지에 조금씩 소개되고 있었습니다. 그런데 어느 날 서 교수가 그걸 다 정리해서 『기독교사상』에 특집으로 발표하셨습니다. 두 주 후인 1966년 4월 8일 시사주간지 「TIME」에 '신은 죽었는가?'라는 기사가 특집으로 실렸는데, 거기에 게재된 글이 서 교수가 간추린 글하고 거의 같았습니다. 그분은 새로운 신학에 대해 감각이 있었고, 그래서 그때부터 그의 별명이 '신학의 안테나'였습니다.

몰트만은 희망의 신학, 정치신학 등에 관해서 많은 이야기를 하였지만, 서남동은 사회신학에 매달렸습니다. 그뿐 아니라 그는 철학적 신학, 문화신학에 관해서도 이해를 많이 하고 있었습니다. 한국신학사상도 꿰뚫고 있었습니다.

판넨베르크 신학의 단점은 신학의 학문성은 정립되어 있는데, 신학을 뒷받침할 수 있는 교회성이 약하다는 것입니다. 그 반면에 서남동은 신학의 다양성, 기독교의 다문화성을 인정하는 동시에 교회성도 강조합니다. 서남동의 신학은 강단에서만 외쳐지는 신학이 아닙니다. 그는 신학의 이론과 실천을 모두 강조합니다. 이론과 실천이 융합되어 한 실체를 이루고 있습니다.

이와는 대조적으로 판넨베르크의 신학에는 프락시스로서의 교회성, 행동하는 교회의 역동성이 없습니다. 단도직입적으로 말해서 그의 신학은 생명신학, 생신학, 삶의 신학이 아닙니다.

▌대학시절 은사들

편집부 : 대학시절 지동식(池東植), 김찬국(金燦國), 한태동(韓泰東) 교수로부터도 영향을 받으셨다고 하셨는데 구체적으로 어떤 영향을 받았는지요?

지동식 교수로부터는 인격적인 영향을 많이 받았습니다. 그분은 정말 목사님 같았습니다. 복음교회에 속한 목사인데 선비 같고, 얌전하고 인격의 흐트러짐이 없으셨습니다. 선생님에 대한 존경심은 첫 대면 때부터 우러나왔습니다. 한 시간만 수업을 들어도 저 교수님 앞에서는 옷매무시도 가다듬어야겠다는 생각이 들 정도였습니다. 신앙과 인격이 훌륭

했고, 그래서 제자들에게 많은 영향을 주었습니다. 선생님에게서 바르트를 처음 배웠습니다.

김찬국 교수의 제자 사랑은 대단합니다. 입학하고 두 달 정도 지나서 5·16 군사 쿠데타가 발생했습니다. 교수들과 학생들은 이에 맞서 데모를 했고, 계엄군은 데모 진압에 온갖 수단과 방법을 다 동원했습니다. 선생님은 학생들과 스크럼을 짜고 학생 대열 앞에 서서 계엄군과 싸우고, 맞으면서 광화문까지 행진했습니다. 학생들을 보호하기 위해 데모 대열 앞에 서신 것입니다.

나도 선생님의 사랑을 많이 받았습니다. 한 번은 나를 불러 여름방학 때 번역을 맡기기도 하셨어요. 지금 기억해 볼 때 성서고고학 책인데 책을 주시며 40여 쪽을 번역해보라는 것이에요. 나는 선생님의 과제이기에 열심히 번역해서 정서한 원고지 200여 쪽을 드렸습니다. 교수님이 고맙다고 하시며 기뻐하셨던 것이 기억납니다.

1971년 6월 10일 선생님은 나를 만나러 튀빙겐까지 오셨습니다. 나는 선생님을 위해 넥카(Neckar) 강가 조용한 호텔에 숙소를 마련했습니다. 튀빙겐에 계시는 동안 예배모임 때 설교도 하셨어요. 선생님은 민주화운동, 인권운동도 많이 하셨으며, 그 때문에 옥살이도 했습니다. 해직 교수로 어렵게 지내시기도 했다고 합니다. 선생님에게는 제자 사랑이 몸에 배어있는 것 같아요.

한태동 교수로부터는 방대한 사상을 기호 몇 개로 간추리는 방법을 배웠습니다. 선생님은 교회사를 수리논리학 기호 몇 개로 압축해 서술하며 큰 맥만을 짚어주셨습니다. 그리고 매우 박식하셨습니다. 공부는 이렇게 해야겠구나 하고 자극을 받았습니다.

편집부 : 대학 4년 동안 특별히 어려웠던 점은 무엇입니까?

나의 대학시절은 너무 아름다웠습니다. 특별히 어려웠던 점은 없었습니다. 나는 4년 동안 책가방도 없이, 빈손으로 학교에 갔다 왔다 했습니다. 목발 짚고 다니니까 가방을 들고 다닐 수가 없었고, 책가방이 없으니까 교과서도 노트도 없이 등하교한 것입니다. 날이 좋으면 학교에 가고, 비가 오거나 눈이 오면 집에서 음악 듣고, 시험 때는 수업시간에 간추려 암기한 내용을 집에 와서 기억을 더듬으며 노트한 것으로 공부했습니다. 이런 점이 좀 불편은 했지만, 그렇다고 특별히 어려운 것은 아니었습니다.

편집부 : 교수님은 틸리히를 어떻게 평가하십니까?

틸리히는 내가 닮아가고 싶은 철학자이자 신학자입니다. 틸리히를 공부하다 보면 철학과 신학의 경계가 무너지는 것을 느껴요. 그는 베를린, 마르부르크 대학교에서는 신학을 강의했으나, 프랑크푸르트 대학교에서는 철학을 강의했고, 미국 뉴욕 유니온 신학교(1933-55)에서는 철학적 신학을 개설하여 강의했어요. 정년 후에는 하버드 대학교 신학부(1955-62)에서, 그다음에는 시카고 대학교(1962-65)에서 가르쳤어요. 뉴욕 유니온 신학교에서 은퇴한 후 몇 년 지나서 그의 후임으로 영국의 존 맥쿼리가 초빙되어왔어요.

틸리히는 두 학문을 섭렵하면서 경계 위에서 그의 사상을 정립하였습니다. 동양과 서양의 접목, 불교와 기독교의 접목, 미국과 유럽의 접목이 그의 장기이며 특징입니다. 그는 철학과 신학의 "경계 위에서(auf der Grenze)" 두 영역을 이끌고 가는 쌍두마차의 마부 같은 역할을 하였습니다. 나는 이를 높이 평가합니다.

나는 대학원 1학년 때 틸리히의 조직신학 방법론에 관한 논문을 『연세춘추』(1965.11.22)에 발표하기도 했어요. 추도 논문이었지요.

편집부 : 교수님은 이종성 교수 밑에서 석사논문을 쓰셨습니다. 그렇게 된 특별한 이유라도 있었습니까? 주임교수와 제자 간에 얽힌 인상 깊은 에피소드가 있으면 하나쯤 소개해 주세요.

그 당시 이종성 교수는 장신대 학감으로서, 연합신학대학원에서 조직신학을 강의하셨고, 나의 주임교수로 결정되었어요. 서남동 교수가 나중에는 서운해하셨습니다.

석사 논문 원고를 돌려받기 위해 1월 초 어느 날 이 교수님께 전화를 드렸더니 집에 와서 받아가라는 거예요. 그래서 선생님 댁을 방문하게 되었어요. 식사 후에 여러 이야기가 오가고 나서, 졸업하고 무엇을 할 것이냐고 물으셔서, 유학을 생각 중이라고 말씀드렸더니 어디로 가냐고 물으셔서 독일로 가려고 한다고 대답했어요. 독일로 유학 가려고 결심한 것은 이규호 교수의 영향 때문이에요. 잠시 침묵이 흐른 후 선생님은 샌프란시스코 신학교로 가지 않겠느냐, 그곳에 간다면 장학금도 얻어주겠다고 말씀하셨어요. 나는 오랜 고민 끝에 결국 독일로 결정했어요. 샌프란시스코 신학교로 유학 갔으면 내 모습도 지금과는 많이 달라졌으리라고 생각합니다.

편집부 : 지금은 교수님도 틸리히처럼 철학과 신학의 경계 선상 위에 서 계십니다. 신학을 전공하셨으면서도 신학을 더 깊이 이해하기 위해 철학도 전공하셨는데, 그렇게 결정하도록 자극을 준 계기나 동인은 무엇입니까?

그 당시 한국에는 제대로 된 철학 교재가 없었습니다. 읽을 만한 책이 없었죠. 그런 상황이다 보니 지적 욕구가 강한 젊은이들 사이에서는 철학 에세이가 인기 있었습니다. 철학 수필집이었습니다.

이규호 교수는 독일 튀빙겐에서 유학 후 중앙대 철학과 교수를 거쳐 연대 철학과로 옮겨와서 현대철학을 강의하셨습니다. 그 강의 원고를 편집하여 책으로 엮어낸 것이 『현대철학의 이해』(1964)라는 저서입니다. 선생님의 강의를 듣는데 처음 듣는 이야기도 많았고, 새로운 사상도 많아서 긴장하며 강의를 듣곤 했어요. 선생님을 통해 새로운 것을 많이 접하게 된 것이 훗날 독일에서 힘이 되었어요. 당시 이 책은 철학에 관심 있는 이들에게 큰 의미를 주었습니다.

3 유학시절
During the Studying Abroad

편집부 : 이제 교수님의 유학시절 이야기를 듣고 싶습니다. 뮌헨으로 떠나실 때가 1968년 9월 9일입니다. 연도를 확인하는 순간 유럽을 뒤흔든 '68혁명'을 떠올리지 않을 수 없는데요, 그 당시 분위기는 어떠했는지, 그곳에서 교수님은 무엇을 느끼셨는지 궁금합니다.

그 당시 동유럽의 분위기는 어수선했어요. 체코슬로바키아를 중심으로 해서 학생소요가 일어났고, 공산주의를 벗어나려는 움직임도 여러 곳에서 산발적으로 돌출되곤 했어요. 프라하에서 시작된 1968년 봄을 서구 지성들은 "프라하의 봄"이라고 부르기도 하죠.
미국에서는 베트남 전쟁에 대한 반전 운동이 드셌고, 문화적으로는 히피즘(hippiesm)이 젊은 세대의 삶과 의식을 지배하기 시작했어요. 프랑스에서는 학생들을 중심으로 한 반전, 반체제 운동과 노동계의 투쟁으로 사회가 어수선했고, 독일에서도 마르쿠제와 같은 철학자들의 영향으로 학생운동이 과격화되는 양상을 띠게 되었어요. 동시에 좌익 학생운동이 그 당시 서유럽을 뒤흔드는 몸부림으로써 사회를 혼란에 빠뜨렸습니다. 신좌파, 적군파, ML 등과 같은 용어들도 이때 생겨났어요.

나는 바로 그 시기에 유학 가게 되었는데, 그에 조금 앞서서 한국에서는 「동백림 간첩단 사건」이 터졌습니다. 서독에 유학 중이던 한국 학생들이 동베를린에 있는 북한 대사관과 접촉하며, 돈을 받고 간첩 활동을 했다고 하여 그것이 문제로 불거진 것인데, 그 후로 유학생들에 대한 신분 조회가 아주 철저해졌습니다. 신원보증인도 세워야 했고, 좌익 활동을 안 하겠다는 서약도 해야 했어요.

그런데 독일에 도착해보니 그곳의 분위기는 한국에서 알고 있던 것과 달랐어요. 뮌헨에 관해서도 피상적인 지식만 갖고 있었는데, 막상 가보니 아름답고 평화스러운 곳, 다양한 문화가 교류하고 있는 곳이라는 인상을 받았습니다. 가기 전에는 독일에서 친북인사를 만나면 어쩌나 하고 걱정했는데-「동백림 간첩단 사건」 때문에- 괜한 기우였습니다.

어학 과정에 다니며 체코슬로바키아에서 온 학생들을 많이 보았습니다. 프라하 대학교 철학과 학생들도 있었고, 공대 학생들도 있었습니다. 자기네 나라에서는 그야말로 엘리트에 속하는 친구들이었죠. 마약 하는 독일의 히피 청년들과는 달리 체코슬로바키아 학생들의 눈에는 총기가 있었습니다. 공산정권에 저항하며 반체제 투쟁을 하던 엘리트들이었습니다.

뮌헨 사람들은 뮌헨인(Münchner)이라는데 대한 자부심이 대단합니다. 그들은 뮌헨에 관해 이야기할 때, "뮌헨이 속한 바이에른주는 자유국가다. 뮌헨은 유럽의 심장이다. 세계의 창문이다"라는 말을 서슴없이 합니다.

뮌헨은 문화와 전통, 가톨릭 종교성 등이 오랜 세월을 이어오며 축적되어 온 문화 도시입니다.

독일어 어학원은 문화 중심지인 슈바빙 근처에 있었습니다. 그곳 거리에는 거리 악사, 시인들과 예술가들이 모여 토론을 하며 예술혼을 불태웠다는 오래된 맥주집, 맥주와 커피를 파는 길가 커피숍, 예쁜 전통 음식점, 그리고 좀 떨어져서 영국 공원과 마리아 성당 등이 잘 어우러져 있었습니다. 이러한 풍광이 도시를 살아 숨 쉬게 하는 분위기로 만들었습니다.

뮌헨의 10월 옥토버페스트(Oktoberfest)도 잊을 수 없는 아름다운 추억입니다. 옥토버페스트 때에는 2주 동안 큰 공원에 천막을 세우고 맥주 축제로 자정이 넘도록 즐깁니다. 뮌헨은 연극, 음악회 등 문화행사가 쉬지 않고 이어지는 문화의 도시입니다. 그리고 도시 주변으로 호수와 산이 많아서 자연 경치도 매우 아름답습니다.

독일 대학은 학비가 무료이기 때문에 학생들이 학업을 빨리 마치려 하지 않는 것 같아요. 학생 신분을 유지함으로써 많은 혜택과 특권을 누릴 수 있기 때문이에요. 이 여유로움을 진리와 자유, 사랑과 낭만으로 채워가며 저들은 학창시절을 즐겨요. 이게 뮌헨에서 대학생들과 접촉하며 내가 받은 첫인상이에요.

9월 13일(금)에 뮌헨에 도착했고, 10월 15일(화)부터 다음 해 2월 초까지 어학원에 다닌 후 독일어 시험에 합격하여, 3월 말에 튀빙겐으로 옮겨 왔어요.

편집부 : 튀빙겐 대학교에서 첫 몇 학기 동안 20시간 가까이 수강

(청강 포함)하셨는데, 이는 정확히 어느 정도의 학습량을 요구하는 것입니까? 그리고 튀빙겐에서의 4년 반이란 시간이 교수님에게 어떤 영향을 주었는지 말씀해주세요.

독일의 대학 수업은 크게 2가지로 구별됩니다. 하나는 Vorlesung 이라고 하는 강의식 수업으로 교수님이 원고를 읽어나가면서 중간중간에 보충 설명을 해주시는 형식의 수업과, 세미나라고 부르는 형식이 있습니다. Vorlesung의 경우 보통 우리가 생각하는 강의라고 생각하면 됩니다. 자유롭게 수강할 수 있으며, 학점을 받지는 않습니다. 학점이 필요할 경우는 교수님으로부터 과제를 받아 제출하고 평점을 받을 수도 있습니다.

세미나 수업은 과제가 많고, 수업에 적극적으로 참여해야 하므로 부담이 큽니다. 거기서는 학생 스스로 텍스트를 읽고 해석해 가며 본인의 견해와 주장을 발표해야 하고 참석자들은 문제점을 지적하며 토론을 합니다. 이 수업은 학기가 끝날 때 주어진 분량의 논문을 제출해야 합니다. 10~15쪽 정도, 어떤 교수는 20쪽 이상의 타자 원고를 요구하기도 하지요.

나는 몸이 불편하여 별로 돌아다니질 않았어요. 학교(도서관)—기숙사—학생식당(Mensa)이 내가 늘 가는 곳이에요. 독일 학생들 경우 주말이나 공휴일에는 집에 가거나 애인과 함께 놀러 가곤 해요. 조용하지만, 때로는 지루한 기숙사 방에서 나는 강의 들은 것을 정리하고 다음 세미나를 준비하면서 독서로 시간을 보내곤 했어요. 그렇게 했기 때문에 그 내용을 소화할 수가 있었던 것 같아요. 튀빙겐

시절 강의를 많이 들어둔 것이 큰 도움이 되었습니다.

내가 공부할 당시 튀빙겐의 전체 인구는 4만 5천 명 정도였는데 그중에서 학생만 1만 5천 명이었어요. 그리고 교수와 직원을 비롯하여 학교와 관계되어있는 사람이 많았지요. 학교 주변의 하숙집, 서점, 식당, 선술집도 학생을 상대로 하므로 방학 때는 도시 전체가 한산해요.

이곳 사람들은 튀빙겐을 "대학도시 튀빙겐"이라고 불러요. 도시의 분위기는 조용하고 안정적이었습니다. 철학부 건물 앞으로 흐르는 넥카강은 참 아름다웠고, 가을에 넥카강 가운데 섬을 거니는 것도 추억이 됩니다. 전반적으로 학문하기 아주 좋은 분위기였습니다.

나에겐 튀빙겐이 대학문화와 낭만을 함께 체험할 수 있는 공간이자 정서적으로도 안정감을 제공한 장소였어요. 공부하면서 볼노브를 비롯한 여러 교수의 사랑을 받은 것도 잊을 수 없고요. 독일에서 많은 것을 배웠지만, 여러 나라에서 온 친구들과 사귀며 지냈던 아름다운 추억도 내게 쌓인 귀한 것입니다.

튀빙겐에서 몰트만 교수의 강의를 들을 기회가 있었습니다. 튀빙겐으로 옮겨간 후 첫 학기였네요. 500명쯤 들어가는 계단식 강의실(Kupferbau)에 각과의 학생들이 모여들었습니다. 그때가 5월 초쯤이었는데, 하루는 수업을 마치고 밖으로 나서려는데 비가 내리고 있더군요. 나는 비를 맞으며 10여 분 거리의 철학부 건물로 걸어갔어요. 그렇게 언덕을 내려가는데 누가 다가와서 우산을 씌워주며 말을 걸어왔습니다. 몰트만 교수였지요. 일본에서 왔냐고 물어보아, 나는 한국 학생이고 철학을 전공한다고 말했습니다. 그리고 계속해서 대화를 나누었지요.

한국에서 교수님들로부터 선생님의 신학에 관해 많이 들었다고 하자, 신학을 공부했었냐고 하면서 자기 밑에서 공부할 생각은 없느냐고 묻더군요. 고민이 되더라고요. 몰트만 교수는 한국에서도 꽤 많이 알려진 신학자였고 마침 우산까지 씌워주면서 친절하게 제자가 될 생각이 없냐고 물으시니, 거 참. 그런데 이미 볼노브에게는 이규호 교수의 추천서를 전달한 상태이고. 그 자리에서 가부를 결정하기가 어려웠어요.

어쨌든 그 뒤로도 강의는 계속 들었습니다. 그분은 점잖고, 인격이 훌륭한 분입니다. 인종차별 같은 것은 찾아볼 수 없었어요. 그러니까 나하고 우산도 같이 쓰고 그랬겠지요. 판넨베르크에게는 한국인 제자가 거의 없지만 몰트만에게는 한국인 제자가 20여 명이 넘습니다.

편집부 : 튀빙겐에 계실 때 융엘 교수의 수업도 들으신 거로 알고 있는데요. 그 이야기도 좀 들려주시고, 그곳에서의 의미 있었던 만남이나 인상 깊었던 추억들도 들려주세요.

융엘의 「죽음, 그것은 무엇인가?」라는 강의가 기억납니다. 사실상 그 강의는 너무 어려워서 들으면서도 이해가 안 되더라고요. 그의 강의를 직접 들었다는 데에 의미를 부여하고 싶습니다.

아, 이런 일도 있었습니다. 라이프니츠 콜렉(Leibniz Kolleg)에서 하이데거에 관해 공부할 때였습니다. 지도교수가 하이데거에게 면회 신청을 했고, 그래서 프라이부르크 근교에 있는 그의 집을 방문하게 된 것입니다. 그 집에서 직접 빚은 포도즙 대접도 받고 서재 구경도 하고 평소에 궁금했던 점을 물어보기도 했습니다. 말 그대로 세계적인 대가, 20세기의 대철학자를 눈앞에서 만난 것이지요.

지금 생각해보면 튀빙겐에서 교수님들의 사랑을 참 많이 받았다는 생각이 듭니다. 사랑과 관심이라는 게 특별한 것이 아니라 과제를 정할 때 자세히 안내해 주시고 제출한 과제를 꼼꼼하게 교정해 주시고 평가해 주시는 것, 장학금 신청할 때 추천서를 써 주시는 것 등이지요.

튀빙겐에서 장학금을 두 번 받아봤는데, 그곳 장학금은 완전히 월급이에요. 매달 나옵니다. 원래 학비가 무료이기 때문에 장학금이란 곧 생활비 지원을 의미하지요.

두 번 받은 것 중 하나는 독일 사민당(SPD)의 장학재단(Friedrich-Ebert Stiftung)에서 외국 학생을 대상으로 지급하는 것이었는데, 여러 과정의 자격심사를 거쳐 최종적으로 선발된 신청자들만을 코헬 호숫가 사민당 연수원(Georg von Vollmar Akademie, Kochel am See)에 초청해 한 주일간 생활하며 심층 인터뷰를 합니다. 월 500 DM씩 2년간 장학금을 받았어요. 그리고 6개월간 바덴뷔르템베르크 주 정부 장학금을 받았습니다.

1970년 헤겔 탄생 200주년 기념행사가 슈투트가르트에서 열렸는데 거기에 참석했던 것도 좋은 추억으로 남아있습니다. 가다머(H.G. Gadamer)나 칼 뢰빗트(Karl Löwith) 등 헤겔 전문가들, 세계의 석학들이 많이 모였죠. 대회는 한 주일 동안 계속되었는데, 참석했다는 것만으로도 의의가 컸어요.

튀빙겐에서 독일 친구들을 많이 사귀었어요. 방 짝 중에 부부가 의사가 된 친구도 있어요. 내가 중매한 것이지요. 튀빙겐에서 사귄 독일 친구들 가운데 여러 명이 의사나 변호사가 되었어요.

편집부 : 하이데거를 만난 의미가 컸을 텐데, 그 의미와 그 후의 영향에 대해서 간단히 말씀해 주세요.

사실 하이데거의 사상을 이해하고 대화를 했다기보다는 일단 그의 명성에 압도되었던 것 같아요. 그분에 대한 세미나에 참석하고 있을 때였는데, 강의실도 아니라 집에서 만났다는 점이 의미가 깊었지요. 가까이서 이야기 나눠본 사람이 얼마나 되겠어요. 그 이후 하이데거의 실존 사상이 나의 신학과 교육철학, 기독교 교육철학에 많은 영향을 끼쳤습니다.

편집부 : 튀빙겐 시절 슐츠 교수에게서 철학사를 배우셨는데, 튀빙겐을 떠나기 전까지 한 학기도 쉬지 않고 배우셨다고 하셨습니다. 그 정도가 되면 철학사의 중요성에 대해 느끼는 바가 남다르실 거라 짐작되는데요, 거기에 대해서 말씀해주시겠습니까?

먼저 슐츠 교수에 관해 이야기하면 그분은 카리스마를 가지고 강의할 때 사람들을 빨아들이는 스타일이에요. 반면에 볼노브 교수는 차근차근 하나씩 짚고 넘어가는, 어찌 보면 지루한 타입이라고 할 수 있어요. 독일어가 서투른 외국 학생으로서는 아무래도 슐츠 교수보다는 볼노브 교수의 강의가 듣기 편한 게 사실이에요.

슐츠 교수는 원고도 없이 강의실을 이리저리 다니면서 자유분방하게 강의를 합니다. 농담도 자주 섞고…. 참 재미있는 수업인데, 문제는 배경 문화를 공유하지 못한 상태에서 그것을 이해하기가 쉽지 않다는 것이지요.

슐츠 교수의 철학사 수업은 4학기 과정으로 이루어집니다. 고대 철학사만 해도 한 학기에 간추리기에는 시간이 너무 짧아요. 그러므로 슐츠 교수는 수많은 사상을 일일이, 자세하게 짚어주고 다음으로 넘어가는 게 아니라 큰 흐름만을 짚어주고 다음으로 뛰어넘곤 합니다. 이미 한국에서도 철학사를 여러 번 훑었기 때문에 어떻게 흘러간다는 것에 대해서는 알고 있었지만, 이분은 연대기에 따라 사건을 나열하지 않고 모티브 중심으로 사상사를 풀어나갔습니다.

나는 슐츠 교수의 수업을 반복해서 들었습니다. 비어 있는 시간에 강의를 들은 거죠. 처음에는 사실(史實)을 얻기 위해 갔지만, 점차 철학사의 의미를 깨닫게 되었습니다.

슐츠 교수에게서 철학사를 배우는 동안 크게 얻은 것이 있다면 바로 앞에서도 이야기했듯이, 모티브를 중심으로 사상사를 파악할 수 있는 혜안을 가질 수 있었다는 점이겠지요. 역사를 엮을 때 사건 중심으로 엮기도 하고, 주제 중심으로 엮기도 하는데, 모티브 중심의 역사 엮기(접근방법)는 이런 방법들과 차이가 있다고 봐요. 그러니까 하나의 사상이 일어나서 사라질 때까지 그것을 움직인 힘은 무엇인지, 핵심적인 동인은 무엇인지, 그것을 중심으로 바라보는 것이지요. 내가 지금도 철학사 수업시간에 학생들에게 강조하는, '가지를 보지 말고 산맥을 보라'고 하는 것이 바로 이런 관점에서 나왔다고 볼 수 있지요.

편집부 : 아헨 시절의 이야기도 듣고 싶습니다. 교수님에게는 아헨이 주는 의미가 크리라 봅니다. 10년의 열매가 아헨에서 맺어졌기 때문입니다. 뮌헨, 튀빙겐을 거쳐 아헨으로 옮겨 오시게 된 동기가 무엇인지 말씀해주세요.

나는 대학, 대학원 시절 이규호 교수로부터 삶의 철학, 실존철학, 철학적 인간학 등등 여러 강의를 들으면서 많은 영향을 받았습니다. 특히 대학원 시절 선생님의 교육철학 원서강독 수업을 들었는데 그때 교재가 바로 볼노브의 책이었습니다. 원서강독이 볼노브 밑에서 공부해야겠다는 자극제가 된 셈이지요. 선생님은 볼노브에게 보내는 친필 추천서를 써주시며, 우편으로 보내지 말고 반드시 직접 전달하라고 당부도 하셨어요.

뮌헨 대학교에서 어학 과정을 마치고 튀빙겐으로 가서 볼노브 교수에게 4년 반 동안 배웠어요. 석사, 박사 과정에 있는 학생들을 대상으로 하는 콜로키움(Kolloquium)에도 꾸준히 참석했어요. 슐츠, 파렌바하, 예니히, 큄멜 교수의 수업에도 계속 참석했어요.

그 무렵, 파렌바하 교수가 강의 도중에 크리스티안 티일(Christian Thiel) 교수의 과학철학에 관해 몇 마디 언급했는데, 가만히 생각해 보니, 앞으로는 삶의 철학이나 해석학보다 과학, 과학성, 이런 것이 철학의 화두가 되지 않을까 싶더라고요. 그 당시 학술잡지 등에 과학철학이 막 소개되고 있었고, 슈테크뮐러(Wolfgang Stegmüller)의 책도 베스트셀러였습니다.

슈테크뮐러와 티일. 이 두 사람은 독일 과학철학의 큰 줄기라고 볼 수 있는데, 서로 다른 관점에서 접근하고 있지요. 슈테크뮐러는 분석주의적 입장이고, 티일은 구성주의적 입장입니다. 독일에서는 두 학파 간에 토론을 자주 해요.

독일 철학계에서는 슈테크뮐러의 과학철학 집단을 슈테크뮐러 학파, 뮌헨 학파라 부르고, 티일의 과학철학 집단을 구성주의 학파, 에를랑겐 학파라 불러요.

어쨌거나 티일과 슈테크뮐러의 차이는 본질적이에요. 여기서 사용하는 구성주의라는 개념은 쉽게 말해서 과학(Wissenschaft)이라는 구조물을 축조하기 위한 제 조건과 원리의 집합이라는 의미로 이해할 수 있어요.

어느 날부턴가 나는 티일 교수의 구성주의적 과학철학의 요지가 무엇인지 알려고 그의 논문들을 많이 읽었어요. 그 당시 그는 아헨 대학교 철학부에 계셨어요. 티일 교수는 에를랑겐 대학교에서 박사학위를 취득하고, 이어서 대학교수자격(Habilitation)을 취득한 후, 미국 텍사스 대학교에서 교수로 봉직하다가 아헨 대학교에 초빙돼왔어요.

나는 티일 교수에게 편지를 썼어요. 튀빙겐 대학교에서 이러이러한 공부를 하고 있다. 과학철학에 관심이 있는데 교수님 밑에서 공부할 수 있겠느냐, 할 수 있다면 학위논문 주제를 그쪽 분야로 하고 싶다는 내용, 그리고 그동안 한국과 독일에서 공부한 내용을 적어서 보냈지요. 굉장히 빠르게 답장이 왔어요. "당신의 학문적 배경(신학을 했다는 이야기도 하였음)도 맘에 들고 튀빙겐 대학교에서 볼노브에게 배운 것도 좋고 하니 만나서 구체적으로 이야기하자"는 내용이에요. 그때는 학기 중이었으니까 방학 때 오라며 날짜도 잡아주었어요.

그 학기를 마치고 교수님 댁으로 찾아갔습니다. 저녁 식사를 하며 이야기를 나누었는데, 그게 면접시험인 셈이었지요. 교수님은 나를 제자로 받아들이면서 학위논문에 관한 몇 가지 제안도 했어요. 그중에서 기억나는 것이, 불교에서의 과학이론, 중국의 과학철학 등등 이런 내용이었어요. 하지만 독일에서 그 분야의 자료를 구하기도 쉽지 않고, 독일어 번역본으로만 연구해야 하는 것도 마음에 내키지 않아 주저하고 있었더니 교수님께서 라부스(Georg Leonhard Rabus)의 과학이론을 연구해보겠냐고 하여 그렇게 하기로 했어요.

당시에는 라부스에 관한 연구가 전무했어요. 그어 관한 전기는 고사하고 단편적인 약전(略傳) 한편 없는 연구 불모지였습니다. 학술논문도 한 편 없어요. 티일 교수가 3쪽 정도 간략하게 프랑켄 지방 향토 연감에 소개한 것이 거의 유일한 안내 글이라고 할 수 있어요. 그것도 간단한 연표와 작품을 소개한 것에 불과해요.

내가 라부스에 관해 연구하겠다고 하자 티일 교수가 좋아하더군요. 다른 주제들은 자료를 참고-비교하며 쉽게 엮어낼 수도 있지만, 이건(라부스) 원자료만 가지고 해석하고, 평가해서 작품화해야 했기 때문에 고도의 독창성이 요구되었습니다.

편집부 : 아헨은 공과대학으로 유명한데, 공대의 학문성이 교수님

께서 과학철학을 연구하시는 데 어떤 영향을 미쳤습니까?

아헨 공과대학(RWTH Aachen)은 미국의 MIT와 마찬가지로 공학이나 과학뿐만 아니라 인문·사회과학도 전공할 수 있는 종합대학교(RWTH Aachen University)예요. 하지만 나의 연구과제는 공학이나 이학과 직접 연계되어야 수행될 수 있는 것이 아니었어요. 물론 공학적이고 이학적인 과학개념도 과학철학의 관심사이긴 하지만.

나는 자연과학을 전공하는 친구들과 토론을 자주 했어요. 그들은 누구랄 것도 없이 과학의 정밀성과 절대성을 맹신하고 있었어요. 하지만 나는 과학이란 조건적이고, 중립적이고, 이데올로기적이며, 탐구의 대상 자체도 궁극적 실재가 아니라는 점을 논리적으로 입증하며 역설하곤 했습니다.

과학과 철학의 대화, 이런 대화를 통해 상호 간에 배울 수 있었던 기회, 이것이 아헨 공과대학의 공기가 나에게 준 영향이라면 영향이겠죠.

아헨 대학교 동문은 귀국해서 카이스트, 포항공대, 국방과학 연구소, 서울대, 연대, 고대 등을 비롯하여 여러 과학기술 연구소에서 과학자로, 교수로 활동하며, 한국의 최첨단 과학기술을 견인하고 있습니다. 정신과학을 공부하는 사람으로서 과학자 친구들을 많이 사귈 수 있게 된 것도 아헨이 나에게 준 축복이라고 할 수 있지 않을까요. 지금도 친목 행사나, 경조사 때에는 모이곤 합니다.

편집부 : 교수님께서는 75년 7월에 박사 과정에 들어가셨고, 3년

만에 박사학위 받으셨는데, 교수님의 박사학위 논문에 관해 설명해 주셨으면 합니다.

1978년 8월 10일! 나는 『게오르그 레온하드 라부스의 과학개념과 과학건축술(Wissenschaftsbegriff und Wissenschaftsarchitektonik bei Georg Leonhard Rabus)』이라는 논문으로 철학박사 학위를 받았어요. 라부스는 철학자이지만 신학도 공부했어요. 그래서 그의 철학은 폭이 넓어요. 틸리히와 마찬가지예요. 틸리히도 철학과 신학을 아우르는 철학적 신학자가 아닙니까. 내 학위논문 뒷장에 라부스의 과학 전개도가 별첨으로 붙어 있어요.

편집부 : 라부스는 어느 시대 사람입니까?

19세기 철학자입니다. 루돌프 오토(Rudolf Otto)도 에를랑겐 대학교에서 라부스에게 철학사를 배웠어요. 라부스는 철학에 대한 공부뿐만 아니라, 신학, 자연과학, 인간학, 신지학 등에 관해서도 폭넓게 공부했어요.

그는 과학이란 개념을 지식의 결정체라는 의미로 파악하지 않고, 모든 학문의 공통분모를 가진 하나의 유기체로 규정하고 있어요. 각 학문의 공통분모가 무엇인지, 그것을 찾아내어 과학이라는 이름을 붙여준 것이에요. 그분의 지론은 철학이 모든 학문의 공통분모가 되며, 어느 학문이고 철학과 단절되어 파편화되어서는 과학으로서의 존재가치를 가질 수 없다는 것이에요.

표면적으로 보면 자연과학은 철학과 무관한 학문이라고 말할 수 있어요. 하지만 라부스가 볼 때는 그렇지 않아요. 자연과학에도 철학의 원리가 있어요. 철학은 사변의 학문으로서 질료를 실체로 볼 것이냐, 형상을 실체로 볼 것이냐에 따라 분지(分枝)되어 왔어요.

자연과학은 질료로부터 출발해서 형상으로 접근하는데, 철학자들의 눈에는 이런 과정이 곧 형이상학이에요. 물질의 원소들은 질량, 에네르기아, 우연한 비존재성 등등에 의해 형상을 이루고, 이러한 과정에서 과학자들은 법칙을 발견하게 되는 것이에요. 이런 과정을 철학자들은 사변을 통해 본질, 즉 형상에 접근했다고 말해요.

라부스는 그의 과학철학에서 과학개념을 구조적으로 4가지로 분류하는데, 이 방법을 4지법, 4원 분류법, 4분류법이라고 합니다.

나의 논문은 라부스의 과학개념과 과학구조를 체계적으로 축성해 가는 건축술입니다.

라부스가 교수로 재직할 당시 에를랑겐 대학교 신학부는 루터교 신학과 시대사조에 편승한 새로운 학문과의 통일을 지향했는데, 슐라이어마허의 주관주의적 신학과 독일 관념론, 특히 셸링의 철학과 낭만주의를 신앙으로 승화시킨 경건주의로부터 깊은 영향을 받았습니다. 후에 에를랑겐 학파2)로 규정된 이 신학의 핵심은 구속사(救贖史)와 중생(重生)입니다.

---

2) 에를랑겐 학파(Erlanger Schule): (1) 19세기 에를랑겐 대학교 신학부에서 시작된, 경건주의와 합리주의의 절충으로 형성된 루터교 신학의 새로운 주류를 지칭한다. (2) 20세기 중엽부터 에를랑겐 대학교 철학부에서 태동한 구성주의적 과학철학 학파로서 뮌헨 학파와 대척적 위치에 있다.

철학부는 독일 관념론에 경도되어 있었는데 라부스는 이 틈바구니에서 자신의 과학철학을 설계하고 작품으로 철학계에 선보였습니다.

편집부 : 라부스는 파편화되어가고 있는 학문체계를 비판하고, 전체 학문을 아우르고 통합하는 학문의 유기체를 과학, 좀 더 구체적으로 표현하면 철학으로 규정하는 것 같습니다. 라부스의 철학이 교수님의 학문형성에 미친 영향은 무엇입니까?

라부스의 철학은 나의 실체를 형성하는데 크게 작용했다고 할 수 있어요. 하지만 돌이켜 보면 내가 과학철학에 관심을 갖고 있었기 때문에 그것을 택했는지 몰라요. 어쨌든 라부스와 나는 공통적으로 철학과 신학을 전공했고, 그분은 이 양자 간의 관계 학문으로 심리학을, 나는 교육학을 공부했습니다.

모든 학문의 공통적인 것을 역추적해 보니 과학이란 개념에 소급되더군요. 나도 모든 학문의 구조와 방법을 꿰뚫어 보며 과학에 대한 포괄적인 이해를 하게 되었어요.

라부스가 나에게 미친 의미는 큽니다. 라부스의 과학철학은 나에게 모든 학문을 폭넓게 그리고 종합적으로 보게 하는 혜안을 제공했으며, 다양성에서 통일성을, 그리고 통일성에서 다양성을 찾아가는 새로운 철학함을 제공했습니다.

편집부 : 교수님은 종교학, 교육학, 사상사에 관한 책도 쓰셨는데 교수님의 다양한 학문적 관심을 아우르는 통합된 비전을 라부스로부

터 배웠다고 하셨습니다. 한국 철학계에 라부스를 적극적으로 소개할 생각은 없으신지요?

신학대학에 소속된 철학 교수들의 공통점은 철학을 교수하면서 제한될 수밖에 없다는 점입니다. 만약 내가 종합대학교의 철학 교수로 있었다면(당시 갈 가능성도 있었지만), 아마 현대철학 세미나 때 라부스도 소개했을 것입니다. 하지만 지금은 철학이 무엇인지 특강 비슷하게 강의나 하고, 철학사 맥 짚어주고 학생들이 스스로 철학의 역사를 탐방하도록 안내해 주는 것, 종교철학, 철학적 인간학, 현대철학 등을 교수하지만 특수한 인물을 한 학기 내내 다룰 수도 없는 현실 때문에 보편화 된 지식을 논하는 그런 정도의 자극 외에 철학의 특수 분야를 소개할 기회가 없습니다. 내게 새 과목을 개설할 기회가 주어진다면 라부스에 관한 세미나를 신청하여 몇 학기를 주기로 가르치고 싶습니다.

편집부 : 독일 철학과 프랑스 철학의 분위기는 확연히 다른 것 같습니다. 교수님께서는 프랑스 철학을 어떻게 평가하시는지요?

나는 어느 지역의 철학, 어떤 특색의 철학을 개성화는 하되 질적으로 차별화해서는 절대 안 된다고 생각합니다. 다만 사유의 양상에서의 차이만은 인정해야 합니다.
내가 볼 때 프랑스 철학의 특징은 현실성을 참작하는 것 같습니다. 예를 들면 사르트르, 마르셀, 작가이기는 하지만 카뮈 등은 어려운 철학을 주의로 만들었어요. 그러니까 저들의 철학은 실존철학이 아니고 실존주의입니다. 프랑스 사람들은 실존철학을 삶의 현장, 문화, 문학, 예술에 접목하여 실존주의로 만들었어요.

그 반면에 독일 사람들은 주의로 있던 것도 철학으로 만듭니다. 이렇게 이론화하는 경향이 있습니다. 이게 두 민족의 특징이고, 감성과 의식을 표출하는 기질의 차이인 것 같습니다.

프랑스에서는 철학을 색깔로 표현하는 미술이 발달하고, 독일에서는 소리를 철학으로 형상화하는 음악이 발달했습니다. 이 간단한 진술이 두 민족의 차별성을 대변한다고 하겠습니다.

프랑스 철학은 현실적 생동성에 역점을 두는 점에서는 강하지만, 현대 사상사에서의 위치는 독일 철학보다 약하지 않은가 생각합니다. 이런 느낌은 우리만이 가지는 공통된 느낌이 아닌 것 같습니다. 미국의 철학자들도 철학을 깊이 공부할 수 있는 곳으로 독일을 떠올립니다. 물론 프랑스에도 근세철학을 시작한 데카르트 등을 비롯하여 많은 철학자가 있지만, 그들의 철학은 일과성으로 취급되곤 했습니다. 데카르트 철학의 경우는 예외지만.

오늘날 프랑스 철학자들은 철학의 틀을 깨는 작업을 한다고 하지만, 과연 어떤 것이 철학의 틀이며, 어떤 틀을 깼는지 정확하게 대답을 못 합니다. 다만 그들은 형이상학을 깨버렸다고 자랑합니다. 그러나 이런 운동은 이미 360년 전에 데카르트에 의해 시도된 적이 있고, 콩트 역시 160년 전에 실증주의 단계에서 형이상학이 배제되는 사회 및 사상의 구도를 제시한 바 있습니다. 1930년대 프랑크푸르트 학파도 안티 형이상학을 외쳤습니다.

프랑스 철학자들은 포스트모더니즘이니, 구조주의니, 탈현대주의니, 해체론이니 등등 말은 많이 하지만 어느 철학자도 현대주의의 틀을 제대로 제시한 적이 없습니다. 오히려 신조어로 현대인의 의식구조를 흐트러뜨리는 경향이 있습니다.

프랑스 철학의 특징은 아방가르드라는 것입니다. 어떻게 보면 그들은 텍스트를 쓰기 위해 지금의 콘텍스트를 부정하는지도 모르겠습니다. 현대주의에 대해 논쟁할 때 문제 제기는 많이 하는데 적실성 있는 대안을 제시하지 못하는, 바로 이러한 경향이 프랑스 철학의 특징입니다. 이런 관점에서 보면 프랑스 철학은 아직도 진행하고 있는 셈이죠. 다분히 진행 중인 철학이지만, 이미 끝나가면서 진행 중인 것입니다.

오랫동안 영향력을 미치며, 프랑스를 빛냈던 철학자는 데카르트, 루소, 베르그송입니다. 그리고 사회적 영향력이 컸던 콩트 등을 꼽을 수 있습니다. 이들의 철학을 보면 다 현실성과 직결이 됩니다. 데카르트는 현대 사유 구조 형성에 합리주의를, 루소는 자연주의 관점에서 교육학과 문명론을, 콩트는 사회성에 대한 새로운 패러다임을 실증주의로, 그리고 베르그송은 삶의 생동성, élan vital을 강조하였죠.

철학은 머리로만 하는 학문이 아닙니다. 책상에 앉아 머릿속에서 사물의 본질 혹은 인식대상의 현상만을 사변하는 행위를 철학함이라고 생각하는 것은 착각일 뿐입니다. 그것은 강단(講壇) 철학입니다.

모든 철학은 살아있어야 합니다. 움직여야 합니다. 베르그송은 이런 점에서 훌륭한 철학자였습니다. 그는 문학의 장르에서뿐만 아니라, 영미의 과정철학과 독일의 삶의 철학에도 깊은 영향을 주었습니다.

그런데 20세기 중후반 이후 등장한 대다수 프랑스 철학자는 혜성처럼 나타났다, 유성처럼 사라지는 경향이 있어요. 20세기 중반에는 그래도 사르트르가 있었는데, 철학의 영향력이 끝나는 시대인지, 프랑스 철학자들의 틀이 그 정도에서 제한되는 것인지 그것은 모르겠습니다만, 어쨌든 그들의 사상은 세계 지성계를 뒤흔들 정도로 크지 않았습니다. 대부분 그들의 철학은 사상으로 소개되고 나서 인구(人口)에 회자(膾炙) 되다가 소리 없이 사라지는 경향이 있어요. 이것이 프랑스 철학의 한계인 것 같아요. 나의 평가가 절대적이 아니었으면 좋겠어요.

편집부 : 혹시 유학시절 더 하고 싶은 말씀이 있습니까?

뮌헨 유학시절 좋은 친구를 많이 사귀었어요. 그때 사귀던 친구들이 지금 여러 대학에서 교수로 지내고 있어요. 독문학과 정치학을 전공하던 친구들도 있어요. 뮌헨 박물관, 이자르 강가의 영국 정원, 음악회, 영화관에도 함께 가기도 했고, 몇 군데 여행도 같이했어요. 여러 대학교 출신으로 전공 분야가 서로 다른 친구들과 지내며 나의 좁았던 세계관과 이해의 한계성, 예를 들면 신학에 안착했기 때문에 나를 주형 하게 된 기독교적 사고와 신앙의 도그마가 많이 극복된 것 같아요. 관심 분야도 많이 넓어졌고요. 지금도 그 친구들과 교류를 계속하고 있습니다.

튀빙겐 유학시절에는 김균진 군과 오인탁 군하고 친하게 지냈는데 우리 세 명은 공교롭게도 모두 이규호 박사의 제자였습니다.

1966년 어느 날 주일 오후 이규호 교수님이 나에게 과제물을 주시려고 종로의 어느 다방으로 불렀습니다. 오인탁 군이 한참 후에 교수님 연구실에서 그 과제물을 가져와서 전해 받으며 안면을 텄는데 몇 년 후에 튀빙겐에서 만나게 되어 가깝게 지냈습니다. 그는 이규호 교수가 아끼는 제자였습니다.

김균진 군은 한신대를 졸업하고 연세 대학교 대학원에서 철학을 전공하고 있었는데, 안면은 있었으나 친분은 없었어요. 좀 아는 정도였죠. 그런데 튀빙겐에 있으면서 친해졌어요.

우리, 세 사람에게는 신학을 전공했거나 신앙의 뿌리에서 성장했다는 공통성이 있어요.

아헨 유학시절의 친구들은 거의 과학자들이 되었어요. 나는 전공이 다른 유학생들과 폭넓게 사귀며 교류할 수 있었던 게 유학에서 얻은 큰 수확 중의 하나였다고 생각해요.

4 교수활동
Academic Activities as a Professor

편집부 : 종합대학교에 철학 교수로 안 가시고 장신대에 오신 배경과 이곳에서의 보람에 대해서 말씀해 주시겠습니까?

지금도 나는 장신대 온 것이 종합대학교의 철학 교수로 간 것보다 훨씬 의미가 있다고 생각해요. 이곳에서 신앙이 더 깊어졌기 때문이에요. 물론 신앙의 깊이라는 말은 매우 상대적이지만, 어쨌든 이곳에서는 신앙의 리듬 같은 것을 느껴요. 신학교에 봉직했기에 나의 신앙과 신학을 폭넓게 아우를 수 있게 되었고, 신학자들과 어울렸기에 소명의식도 깊어졌다고 생각해요. 종합대학교에서 철학을 교수했다면 일반 동료들과 어울리며 나의 신앙생활도 퇴보하지 않았을까 그런 생각을 가끔 해요.

그뿐만 아니라 본 교단은 물론, 타 교단의 총회 기관이나 교회들, 그리고 신학대학들과도 어떤 형식으로든지—강습회, 강연, 설교, 협동목사, 강의 등등—지속적인 우호 관계를 갖게 된 것도 이곳에 발을 붙였기 때문에 얻은 결실이라고 생각해요. 종합대학교에 갔으면 아마도 한국 철학계에서는 활발하게 활동했을지 모르겠지만, 나에게 부여된 이런 특권은 누릴 수 없었을 거예요.

편집부 : 신학생들에게 특별히 당부하실 말씀이 있을 텐데요, 좀 구체적으로 말씀해주세요.

나는 1980년 9월 1일 장신대 조교수로 부임했어요. 학교에서는 나에게 철학 전반(철학 개론, 철학사, 종교학, 국민윤리, 종교철학, 현대철학, 철학적 인간학 등)과 기독교 교육학을 위한 과목들(기독교 교육학, 교육철학, 교육신학 등)을 맡겼어요. 신대원에서는 「철학과 신학」을, 대학원에서는 「철학적 신학」과 「인간 이해」를 나의 과목으로 배당했어요. 매 학기 20시간이 넘는 강의를 해야 했어요. 첫 몇 학기는 주당 27시간을 강의하도록 교무처가 시간표를 짜서 보내줬어요.

나는 강의 준비를 하며 "학생들에게 무엇을 전해주어야 하나? 지식만 전해주어서는 안 되겠다. 지식은 책을 통해서도 얻을 수 있을 테니까. 그렇다고 도덕군자처럼 인격과 품격에 대해 강론할 수도 없고." 이런 고민을 많이 했어요.

나는 학생들에게 "신학을 이론으로만 공부하지 말고, 다양한 학문과 연계해가며 다른 삶, 다른 문화, 다른 사회와 관계를 맺으며 공부하라. 그러면 신학을 넓게 할 수 있고, 신학함의 지평도 열린다." "신학을 이론이나 궤변, 교리에 매인 도그마로 하지 말고 삶의 자리에서 몸으로 부딪치며 하라." 이렇게 강조했어요.

나는 부임한 지 얼마 안 되었을 때 전교생을 대상으로 「신학 방

법서설: 生神學의 길」(1980.11.27)이란 제목으로 특강 한 적이 있어요. 이것이 장신대에서 행한 두 번째 특강이었어요. 학생들은 장난스럽게 포스터 밑에 "익은 신학", "삶은 신학", "설은 신학" 등등 재미있는 낙서를 남기며, 많은 호기심을 보였어요. 내가 규정하는 생(生)은, '생활(Living)', '삶(Leben)'의 의미를 함축하고 있는 포괄적인 개념입니다. "살아있는 신학. 그러니까 탁상 신학, 책상의 신학, 강단(講壇)의 신학이 아닌, 현장의 신학을 하라"는 내용이 핵심이었습니다.

"신학이 교단(敎團)의 교리를 준수하는 것은 기본이지만, 그렇다고 너무 폐쇄적이거나 보수지향으로 나가면 안 된다. 급변하는 현대 사회를 이끌어가기 위해서라도 사회를 알아야 하고, 상황에 따라서는 사회에 영향을 주기 위해서라도 사회의 흐름을 받아들여야 한다." 이런 논조로 신학의 문화적인 측면과 기독교의 사회적 기능을 강조했어요.

나는 내가 이곳에서 학생들에게 줄 수 있는 것이 무엇인가 고민 끝에, 삶의 모든 현상으로 집약될 수 있는 원개념(Urbegriff)인 문화의 본질만이라도 올바르게 전해주어야겠다고 생각했어요. 이러한 바람이 20여 년이 지난 지금도 내 강의에서 불쑥불쑥 튀어나옵니다.

내가 강조하는 것은 삶(Leben)입니다. 인류의 정신 현상의 총체가 삶이기 때문입니다. 삶의 철학, 삶의 신학, 삶의 교육학, 삶의 기독교. 이것이 내가 장신대에서 신학, 교육학, 철학을 교수하며 집중한 부분입니다. 여러 표현으로 나타난 나의 사상은 문화라는 하나의 원개념 속에 용해되어 있습니다.

편집부 : 교수님은 『신학이란 무엇인가?』라는 책을 쓰셨습니다. 교수님의 신학사상은 진보주의입니까?

나의 신학사상을 칼뱅주의 신학의 시각에서 파헤쳐 본다면 조직신학의 아방가르드 같다고 볼 수 있을지 모르겠습니다. 하지만 오늘날 흘러가고 있는 세계 신학계의 정서에 비추어 본다면 극히 평범하고, 당연히 한 번쯤은 담론화되어야 할 이론으로 간주할 수도 있을 것입니다. 극단적 보수주의 사람들은 나를 진보주의 신학자로 볼 수도 있겠죠, 하지만 나에 대한 이러한 평가는 극히 편협된 편견에 불과합니다. 사실 내 논문이나 저서들을 읽어보면 알겠지만, 나의 신학사상은 진보주의도 배격하고, 극단적 보수주의도 사양합니다.

편집부 : 한국의 80, 90년대를 일컬어 사회적 혼란기 혹은 격동기라고 말하는 사람들이 많습니다. 장신대도 이러한 격량을 헤쳐 나온 때가 있습니다. 교수님은 이러한 시점에 어떤 역할을 하셨습니까?

70년대 말부터 시작해서 80년대에는 학생소요가 끊이지 않았습니다. 이 소요 속에서 나의 신학이나 나의 위치는 그리 문제 되지 않았던 것 같아요.
1985년 나는 더뷰크 신학교(University of Dubuque Theological Seminary)에 가서 「철학적 신학」(3학점) 강의를 하게끔 부탁을 받았어요. 그래서 강의안을 만들어 보내고, 2월 초에 떠나게 되었어요.
짐을 싸고 있는데 박창환(朴昶環) 학장님으로부터 전화가 왔어요.

출국하는 날 새벽이었어요.

그 당시 우리 학교도 학생 소요가 심했어요. 운동권 학생들이 이사장실 집기들을 미스바 광장에 내던지고, 불법 대자보들을 내 붙이고, 삭발식을 하고, 운동권 노래들을 부르며 강의를 방해하고, 직원을 폭행하는 등, 굉장히 심했어요. 학교가 이런 상황인데 학장님께서 나에게 교무처장을 맡아달라는 거예요. 학장님으로부터 당황스럽고 황급한 전화를 받고 학교 사정을 전해 들은 이상 평교수가 거절하기는 어려웠어요.

나는 학장님의 결정에 따르기로 하고, 그간의 진행 상황을 자세히 말씀드렸습니다. 더뷰크 신학교와 교환교수 협정을 체결하고 장신대 교수로 처음 가게 되는데 개학이 임박해서 안 가버리면 장신대의 위상이 실추된다는 점, 그리고 강의도 한 과목 맡게 되어 학생들이 수강신청을 마치고 기다리고 있다는 점을 말씀드렸더니 그러면 강의만 하고 오라고 했어요.

그 당시 어느 대학교에서건 가장 어려운 보직이 교무처장과 학생처장이었어요. 학생처장은 데모를 주동한 학생들에게 학칙에 따라 퇴학, 정학 등과 같은 중벌을 주어야 해요.

교무처장도 마찬가지였어요. 졸업정원제 때문에 의무적으로 입학정원의 30%를 제적해야 했어요. 입학정원의 30%를 더 뽑아 4년 동안 공부시키다가 졸업 때까지 무조건 30%의 학생들을 제적해야 하는 제도예요. 학생들이 공부를 못한 것도 아니고 점수를 합산해서 하위 30%의 학생들을 강제로 제적시켜야 하는, 교육학적으로 보면 매우 잘못된 정책이에요. 학부모들이 와서 울고 사정하고 그랬어요.

너무 딱하죠. 학칙에 따라 제적시켜야 하는데….

그 당시 한국의 대학 교정에는 안기부(安企部), 수방사(首防司), 교육부, 경찰청, 지서 등 5기관의 사찰 요원들이 학생들뿐 아니라 교수들도 사찰했어요. 강의 때마다 특히 대중 강의 때는 와서 무슨 강의 하나 듣고 가곤 했어요. 그런 상황 속에서 한국의 역사가 요동쳤던 것입니다.

내가 교무처장직을 맡고 과격했던 데모가 잦아들기 시작했어요. 그때부터 학교가 평온을 찾고 정상적으로 돌아갔어요. 나는 1987년 2월 교무처장 임기를 마쳤고, 기획실장으로 보직을 받았어요.

편집부 : 장신대가 신학으로 특성화된 단과대학이기 때문에 철학교수로 계시면서 어떤 형식으로든지 소외감을 느꼈을 것으로 짐작됩니다. 서운하셨던 점도 있었을 줄 압니다. 그런 측면을 회고해 주셨으면 합니다.

철학 교수이기 때문에 소외의식을 가진 적은 없었습니다. 다만 흘러가는 주류에 끼어들 여지가 주어지지 않았기 때문에 조건적 소외를 당한 느낌이 든 적은 있습니다. 예를 들면 신학과 교수들은 나를 철학 담당 교수로만 인정하려 합니다. 기독교교육학과 교수들도 같은 생각인 것 같습니다.

그런데 기이한 것은 서울신학대학교 대학원 기독교교육학과에서 「기독교 교육철학 및 사상」(3학점)이란 과목을 개설했는데 담당할 교수도 없고, 전국 신학대학에 의뢰했으나 해당 과목을 가르칠 수 있는 강사도 없어 제게 직접 전화로 간청했습니다. 내 형편을 알고 석사와 박사학위 과정 학생들을 내 연구실에 보내 배워오도록 했습니다.

나에게 1988년과 1990년, 2년간 집중적으로 배운 제자들 가운데 한 명은 내가 부심으로 지도하여 박사학위를 취득하고 서울신학대학교 교수로 재직하다 총장으로, 한 분은 기독교 교육철학 및 사상을 전공으로 박사학위를 받고 현재 교수로 봉직하며 내게 배운 그 과목을 가르치고 있습니다. 내 전공 분야 가운데 하나를 타교 학생들에게 전수하여 그 분야 교수가 되게 했는데, 장신대에서는 아직도 「기독교 교육철학 및 사상」이란 과목을 개설하지 않았고 그 과목의 필요성조차 못 느끼고 있는 것 같습니다.

전공 분야별로 봤을 때 나의 소속은 일반학(studium generale), 좁혀보면 철학에 한정되기 때문에 신학이나 기독교 교육철학의 어느 한 과목이라도 배당해 줄 수 없었다고 생각합니다. 그 분야의 교수들이 나를 고의로 배제하려 했다기보다는, '철학적 신학'이나 '기독교 교육철학 사상' 같은 분야가 신학이나 기독교 교육학에 왜 필요한지, 학문에 대한 종합적 이해가 부족했기 때문에 그랬던 게 아닐까요. 어쨌든 서운한 점은 전혀 없어요.

편집부 : 장신대에는 '신학-교육학-철학'을 전공하신 교수님으로부터 통합적인 강의를 들을 수 있는 과목이 아직 개설되어 있지 않습니다. 교수님은 이점에 대해 어떻게 생각하세요?

나도 그런 방향으로 강의 과목이 개설되어 있으면 좋겠다는 생각을 합니다. 논문을 써도, 책을 내도 그런 방향으로 하기를 나는 참으로 원합니다. 지금은 철학 과목의 비중마저도 줄이고 있어요. 이런 여건 아래서 내가 통합적인 강의를 학생들에게 제공할 수 있도록 허락받는다는 것은 사실상 요원한 이야기일 것입니다.

내가 나의 전공을 살려 '신학-교육학-철학'의 삼원일체(三元一體) 학문론을 학생들에게 제공하고 함께 토론도 하고 비판도 하면서 공부할 수 있게 된다면 학생들이 사고 지평을 넓히는데도, 나 스스로 통합적 학문론을 지향적으로 발전시키는데도 큰 도움이 되리라고 확신합니다.

20세기 초반까지는 학문을 분류했어요. 그러나 요즘에 와서는 학제 간 연구가 유행하고 있어요. 분절(分節)한다는 것은 사실 전근대적인 생각이에요. 학문을 분절하는 것은 학문성을 제한하며 마비시키는 것이나 마찬가지입니다. 한 학문은 수많은 학문, 원리, 요인과 연결해서 자신의 위상을 종합적으로 정립해야 하는데, 계속 나눠놓기만 하면 어떻게 되겠어요.

신학도 이제는 도막도막 가르기보다는 하나로 이어진 통합과학의 학문성을 신학 형성의 원리로 수용해야 합니다.

모든 학문이 그렇듯이 신학도 이제는 정신과학, 사회과학, 상황에 따라서는 자연과학과도 연계되어야 하고, 심지어는 생명공학이나 우주공학 등과도 밀접히 연결되어야 합니다. 머지않아 유전자 조작이나 세포 줄기를 이용한 새로운 생명체가 인간과 공생할 수도 있을 텐데, 신학자들도 신학적 윤리의 측면에서 이런 문제에 직접 관여할 수 있을 때를 위해 전문지식을 배워야 합니다.

거듭 말하거니와 신학자들도 자연과학을 공부해야 해요. 그런데 이런 공부를 하면 진화론이다 뭐다 해서 매도하려 하는데, 이런 반응은 매우 잘못된 것이에요. 지금 세계의 명문대학교들은 전문화를 위해서 다양화를 추구하고 있어요. 생존의 전략인 것이에요. 전문화 하나로 끝나면 안 됩니다.

독일에서는 순환강의(Ringvorlesung)를 자주 해요. 특정 주제를 놓고 여러 분야의 전문가들이 돌아가며 강의해요. 예를 들면 「생명, 미래란 있는가?」라는 주제라면 신학자, 신부, 철학자, 윤리학자, 의학자, 생물학자, 사회학자, 환경공학자 등등 다양한 전문가가 한자리에 모여 한 분이 강의 형식을 빌려 문제를 제기한 후 다른 참가자들이 자기 전공 분야의 입장에서 비판하고 토론하는 방식입니다. 학생들은 좋지요. 한 번은 가톨릭 신부가 낙태 문제에 관해 발제하고, 다음에는 의학자가 인간의 장기이식 문제에 관해 발제하고…, 이런 식으로 진행하는 것을 순환강의라고 합니다.

신학도 학문인 한 이제는 개체화하는 데 역점을 두기보다는 학문 간의 다양성과 연계성, 그리고 인접 학문의 필요성을 절감하며 수용해야 하리라고 봅니다.

편집부 : 교수님의 말씀을 들으며, 현대 사회에서는 한 분야의 전문성이 점점 무의미해질 것이라는 느낌을 받았습니다. 전문가에 대한 정의를 어떻게 내릴 수 있습니까?

'전문가란 한 분야만을 뾰족하게 파고 들어간 사람'이라고 생각하는 사람은 그 자신의 고정관념을 조금은 바꾸어야 하지 않을까요. 이제는 10년 동안 한 우물만 판 사람을 전문가로 존경하지 않습니다. 서양에서 인쇄술이 사제의 전문성을 무너뜨렸듯이, 현대 사회에서 인터넷 기술, 인공지능 등이 전문가의 특수성을 무너뜨리고 있습니다.

현대 사회는 전문적인 지식이나 기술을 가지고 한 가지 일만을 할 수 있는 사람보다는 사회의 다양한 욕구를 충족하기 위해 다양한 기능을 수행할 수 있는 사람을 선호합니다. 다원주의가 장벽과 장르를 무너뜨리고 있어요. 바꿔 말하면 다기능자가 단기능자 보다 높이 인정받는다는 것입니다. 다원화 사회에서 전문가의 기능도 바뀌고 있음을 실감할 수 있는 현상입니다.

편집부 : 교수님께서는 장신 신학을 어떻게 평가하십니까?

장신 신학은 이제 아전인수(我田引水) 격인 세계관이나 입장에서 벗어나야 한다고 생각합니다. 장신 신학은 솔직히 말해서 보수 신학도 아니고 진보 신학도 아닙니다. 장신 신학은 축자영감설을 전체적으로 긍정하는 19세기의 보수 신학도 아니고, 예수의 부활을 부정하면서 생물학적으로 접근하려는 20세기의 진보 신학도 아닙니다. 장신 신학의 특색은 온건하면서도 전통에서 멀리 벗어나지도 않았고, 진보적이지도 않다는 것입니다. 이러한 특색을 보면서 어떤 이들은 장신 신학을 '통합 신학'이라고 규정합니다. 하지만 사전적 정의에 따르면 '통합'이란 "모두 합쳐 하나로 만듦"이라는 뜻으로 사용되는 개념입니다. 그래서 나는 통합 신학을 말하는 신학자들에게 물어보고 싶습니다. 장신 신학에는 진보주의 신학과 보수주의 신학이 모두 합쳐 하나로 만들어진 실체가 있는가? 나는 오히려 장신 신학은 이것도 저것도 아닌, 다시 말해서 보수도 진보도 아닌, 이곳만의 신학, 그 나름의 신학을 갖고 있다고 봅니다.

어쨌든 '장신 신학=통합 신학'으로 등식화하는 것은 적절하지 않습니다. 통합 신학이란 신학의 복합주의나 종교 혼합주의를 연상시킵니다. '정통주의 신학(These)과 자유주의 신학(Antithese)을 지양한 합의 신학(Synthese)', 나는 장신 신학의 특징을 이렇게 명명하고 싶습니다.

어떤 분은 장신 신학을 '중심의 신학'이라고 말합니다. 이런 주장은 다른 신학을 '변두리의 신학'으로 간주하겠다는, 일종의 배타주의입니다.

편집부 : 교수님, 한국신학생들의 의식에 관해서 간단히 말씀해주시고, 이어서 한국교회가 나가야 할 방향성에 대해서도 제언해주셨으면 합니다.

교단은 신학교와 교수들을 통제하지만, 교단 신학은 교수들에 의해 형성되어 교회에 보급됩니다. 그런 면에서 교단 신학자들은 도래하고 있는 새로운 시대에 적응해갈 수 있는, 교회를 위한 신학을 창출해내야 하는 중요한 위치에 있다고 하겠습니다. 교단과 신학교와의 이런 관계를 직시하며 신학생들은 사고의 틀을 좀 확대해서 열린 사고, 열린 마음으로 문화현상이나 사회현상을 받아들이고, 다양성을 인정해야 합니다. 우리가 아직은 다양성에 대한 거부반응을 보이지만 어차피 현대 사회는 다원화된 사회이고 문화입니다.

신학의 나아갈 길은 결국 다원주의를 인정하는 것, 그러다 보면 다른 종교도 인정해야 한다고 생각합니다. 물론 다른 종교를 인정한다고 타 종교의 구원관을 인정하자는 것은 아닙니다. 이러면 기독교의 정체성이 없어집니다.

불교는 문화적으로 인류에 크게 공헌했어요. 그게 엄연한 사실인데 왜 불교를 미신 취급을 하며 마귀의 집단처럼 보는 겁니까? 아시아 문화가 불교 문화입니다. 불교를 문화적 측면, 철학 사상적 측면에서라도 인정해야 하지 않겠습니까.

이슬람교도 마찬가지입니다. 이슬람 문화에 대해 우리와 배치되는 사상이라고 해서 중세시대, 십자군 전쟁 때처럼 사생을 결단할 자세로 대해서는 안 됩니다. 다른 종교 사상, 다른 세계관, 타인의 인간성을 인정할 때 나도 그만큼 인정받을 수 있습니다. "나는 옳고 너는 글렀다"라는 사고는 매우 잘못된 것이며, 위험한 발상입니다. 내가 존경받고 싶으면 남도 존경해야 합니다. 예수님도 "무엇이든지 남에게 대접을 받고자 하는 대로 너희도 남을 대접하라"(마 7:12)고 가르쳐 주셨습니다.

그렇습니다. 다른 종교와 문화도 인정할 때 나의 종교와 문화도 빛을 보게 됩니다. 다른 종교를 무시하며, 내 종교가 존중받길 기대한다면 아주 잘못 생각한 것입니다. 이런 의식구조로 세계를 보아서는 안 됩니다. 타 종교의 문화적 성격 정도는 넓은 가슴으로 안아줄 수 있는 성숙한 포용력을 가져야 합니다.

나는 이런 면에서 다른 문화, 다른 인격체, 다른 세계관, 다른 가치관에 대해서도 이제는 관심을 가져야 할 때가 아닌가 생각해 봅니다. 그것이 21세기 기독교가 다원화 사회에서 생존할 수 있는 길이라고 생각합니다.

그렇게 된다면 교단 간의 갈등이나, 적대성 같은 문제도 사라지게 될 것입니다. 물론 이단은 배격해야 하겠지요. 예배 형식은 달라도, 그리스도의 메시아성에 대한 공통된 이해를 하고 있을 때, 그리고 케리그마(kerygma)를 인정하는 교단끼리라면 장벽도 좀 트고 넓게 교류할 필요가 있을 것 같습니다. 그게 신학생들이 가져야 할 자세라고 봅니다.

편집부 : 교수님은 최근 저서 『신학이란 무엇인가?』에서 문화변동, 사회적 분위기 등에 따라 교회의 응전 양상이 바꾸어야 한다고 말씀하셨습니다. 특별히 '사이버 문화(Cyberculture)'에 대한 대응책에 관해 기독교 윤리학자들보다 먼저 이야기를 하셨습니다. 거시적인 안목으로 교수님께서 문화와 그 현상에 대한 견해를 피력하셨다고 생각하는데 이에 대해 자세하게 설명해 주십시오.

나의 신학은 그리스도를 한국화해야 한다는 데 초점이 맞추어져 있어요. 『신학이란 무엇인가?』라는 책의 뒷장에 나의 신학의 핵심을 명제 형식으로 간추려 놓았는데, 요지는 이렇습니다. "나는 신학을 살아있는 학문으로 규정하기 때문에 정체적(停滯的)이고, 정적(靜的)인 본질로 규정하는 일체의 신학 이론을 부정한다." "신학이 정체

되었다는 것은 신학이 무생물처럼 생명력이 없다는 것을 의미하며, 이 말은 신학이 화석화(化石化)되어 있음을 자인하는 것이므로 나는 이러한 신학 이해를 부정한다.""나는 신학이 시공간의 제한을 뛰어넘어 어떤 실체로든지 '되어가고 있는' 도상(途上)의 학문으로서, 개체성과 보편성을 동시에 가지고 있는 학문이며, 비판적 기능과 생동적 본성, 그리고 형상성과 개혁성을 겸비한 하나의 생명체라고 주장한다.""한마디로 말해, 땅(土)은 그 땅에 맞는 신(神)과 그리고 그 땅에 맞는 종교적 정서를 통해서 그 민족에게 새로운 삶의 자리와 영향과 양식을 제공할 수 있다.""나는 이러한 것들을 다 합쳐서 문화(文化)라는 개념으로 규정한다.""그러니까 복음이 문화에 영향을 주고 문화에 의해 영향을 받으며 문화에 동화되고 부합될 때 복음은 그 땅의 복음이 될 수 있다.""이것이 신토불이(神土不二) 신학의 핵심이다."

신토불이 신학, 그것은 신과 그 땅과는 맞아야 한다는 것인데, 남의 조상신을 우리 하나님으로 숭배할 수는 없잖아요. 이런 맥락에서 나는 유대민족만을 위한, 유대민족의 조상신을 창조주로 간주하지는 않아요. 창조주는 유대민족만의 하나님이 아니고 전 인류의 하나님이며, 한 공간에 제한되어 존재하지 않고 시공을 초월하여 무소 부재한 존재로 역사하기 때문에 한국 기독교인의 예배도 받으시는 겁니다.

민족마다 예수가 있을 수 있어요. 유대인의 모습으로 태어난 예수는 유대인 예수예요. 하지만 그리스도의 신성과 인성마저 유대인의 형상 속에 투영되어 있다고 믿는 것은 잘못된 거예요. 많은 사람은 유대인 모습의 예수를 상상하여 머리에 그려놓고 그 환상을 숭배하기도 하고, 유대인을 위한 유대인의 하나님을 통해 구원받는다는 구원론을 갖고 있어요.

아프리카 기독교인들은 흑인 마리아와 흑인 예수를 숭배한다고 합니다. 백인들에게 억압당했던 저들로서는 자기들을 위해 온 해방자 예수는 자기들과 같은 모습일 것이라고 믿기 때문입니다.

우리와 관계없는 신(神)은 수입된 신일지언정, 진정으로 우리의 하나님이라고 보기는 어렵습니다.

내가 말하려는 요지는 그리스도의 한국화입니다. 그리스도를 한국화된 존재로, 한국인화 된 메시아로 받아들여야 한다는 것입니다. 이런 맥락에서 나는 신학의 원형을 신토불이(神土不二) 신학이라고 정의한 바 있습니다.

민족신앙의 관점에서 보면 나의 신학은 토착화 신학이고, 성서 신학의 관점에서 보면 신토불이 신학입니다. 그것이 이 책 전체의 핵심입니다.

기독교는 문화 현상의 변화에 민감하게 반응합니다. 그러므로 그때그때 문화 현상에 맞는 기독교가 되어야 합니다. 일종의 탈바꿈이라고 할 수 있습니다. 문화의 변화 속도는 고속철도의 수준인데, 기독교의 문화 수용 속도는 아직도 청교도들이 타고 다니던 마차의 속도라면 기독교의 괴리현상은 상상을 초월할 것입니다.

기독교도 다원화 사회에서는 다원화 추세에 맞추어야 합니다. 그런 의미에서 나는 신학의 가변성, 그리고 신학이 사회사상에 적응하는 적응성, 응용성 등을 늘 강조합니다. 이것이 신학의 사회적 기능이고 문화적 기능입니다. 문화변동에 대한 신학의 전망 같은 것은 사실 윤리학자들이 다루어야 하는 주제입니다.

편집부 : 교수님의 신학으로 정형화된 신토불이 신학을 어느 쪽에서는 진보적으로, 어느 쪽에서는 보수적으로 평가할 수도 있겠지만 이해하는 데에는 무리가 없을 것 같습니다. 교수님께서는 신토불이 신학을 만들어 내기 위해서 어떤 사상을 도입했습니까? 그리고 신토불이 신학을 실제화하기 위해서는 앞으로 어떤 작업을 해야 하리라고 생각하십니까?

신토불이 신학, 토착화 신학을 형성하는데 기초가 되는 것은 아무래도 우리 민족의 얼이죠. 민족의 얼이란 민족의 정서, 혹은 민족의 정기를 포괄하는 실체입니다. 나는 대학시절에 김양선(金良善) 교수로부터 경교(景敎)가 신라 시대 때 들어왔다는 내용을 배우며 한국 기독교사의 뿌리를 생각할 수 있는 자극을 받았고, 홍이섭(洪以燮) 교수로부터 민족사관에 입각한 한국사를 배웠습니다.

고등학교 때는 이병도(李丙燾) 교수가 지은 국사책으로 공부했어요. 그 당시에는 몰랐는데 후에 그분의 역사관이 식민사관이라고 비판하는 논문들을 읽은 적이 있습니다. 다행히 홍이섭 교수의 한국사 강의를 통해 민족 중심의 역사 서술방식을 어렴풋이나마 이해하게 되었어요. 학기를 마칠 때쯤 되어 고등학교 때 배운 한국사에 대한 해석이 홍 교수의 주장과 다른 것을 깨달았습니다. 한국신학 사상사를 쓸 때 한국민족의 정체성에 대한 부분에 많은 도움이 되었어요.

어쨌든, 신토불이 신학을 정립하기 위해서는 한국인의 정서, 한국인의 얼, 한국 민족사를 공부해야 합니다.

민족사의 관점에서 한국사를 서술하는 방식은 두 가지로 분류됩니다. 학술적 탐구에 무게를 두는 부류가 있고, 이념적으로 접근해가는 부류가 있어요. 이념적 접근방식의 특징은 민중운동에 역점을 두며, 다분히 계급의식을 역사의 추진 동력으로 보려 합니다. 물론 이러한 접근방식도 중요합니다. 민중신학의 전거는 바로 여기에 뿌리를 두고 있습니다. 하지만 원론적으로 보았을 때 한국민족 정서에서 역사를 해석해 내는 민족사관을 공부해야 하지 않은가 생각해요.

한국사는 한국신학을 만들려는 신학자라면 누구나 반드시 거쳐야 합니다. 유동식, 윤성범 이런 분들이 유명한 것은 한국사에서 한국인의 신앙 원형을 찾아내려 했기 때문입니다. 윤성범 교수 같은 경우는 단군신화를 삼위일체의 원형으로 비약·해석했는데, 무리하기는 했지만, 그 나름대로 창조성이 있습니다.

그렇다면 신토불이 신학을 어떻게 실제화할 것이냐? 매우 진지하고 어려운 질문입니다. 이 작업은 기독론에 관한 연구와 직결된다고 봅니다. 그리스도를 한국화하기 위해서는 그리스도에 관한 새로운 해석이 나와야 할 것입니다. 성상(聖像)이나 성화(聖畫)로 전해져 온 예수상으로 한국화한 그리스도를 표상하기는 어렵습니다. 이런 작업은 지금부터 체계적으로 그리고 신학의 방계 영역과 한국학이 공동으로 해야 할 작업이며, 한국 신학계에 주어진 21세기의 과제입니다.

편집부 : 집필 계획과 연구 방향에 관한 말씀도 들려주세요.

앞으로 기회가 된다면, 『한국신학 사상의 흐름』 제3권을 쓰려고 합니다. 그리고 한국신학 계보나 사상 중심으로 간략한 『한국신학 사상사』(가칭)를 쓰려 합니다. 그리고 이와 병행하며 신학에 대한 나의 작품을 만들 계획입니다. 간단한 논문이나, 논단 등을 통해서도 발표될 수 있겠고, 특강으로 소개될 수도 있겠지요. 나는 학자들의 연구계획이나 방향이 반드시 거창한 저술로 표현되어야 한다고 생각하지는 않습니다. 신학을 어떻게 생각하고, 신학의 주제들이나 교회, 혹은 기독교를 어떻게 해석하느냐에 따라 각자 자신의 신학을 만들어 낼 수 있다고 생각합니다.

편집부 : 지금의 한국 신학계는 외국에서 5, 6년 혹은 10여 년을 보내며 공부하고 와야 할 정도로 제공할 수 있는 자원이 없는 것이 아닙니다. 현실이 이러함에도 불구하고 신학을 깊이 연구하려면 해외로 유학 가야 하는지, 교수님의 개인적인 견해를 듣고 싶습니다.

유학은 개인의 호불호(好不好)에 따라 결정할 사항이지만, 그에 앞서 세계의 흐름을 직시할 필요가 있어요. 세계는 이미 세계화의 물결에 휩쓸리고 있지 않습니까. 세계화란 미명에는 선진국 중심의 세계재편이라는 이념이 깔려있어요. 그러므로 저들의 의식구조, 사고방식, 세계지배의 야욕을 알 필요가 있어요.
　유학을 통해 지식이나 기술을 흡수하는 것도 중요하지만, 그곳의 사회·문화 현상과 생활양식을 직접 체험해 보는 것도 의미 있다고 생각합니다. 지피지기(知彼知己)의 마음가짐으로 가서 보고, 느끼고,

배우며, 습득한 지식과 노하우가 귀국 후에 본인에게는 물론 국가에도 도움이 될 것입니다.

　신학도 여기에 앉아서 배우는 데 한계가 있어요. 성서고고학이나 성서지리학, 기독교와 관련된 고대 중근동 종교와 문화, 언어학 등은 현장 경험이 필요한 학문이에요.

　편집부 : 학문한다는 것은 참으로 어려운 것 같습니다. 많은 고민과 아픔을 통해 진리에 도달할 수 있기 때문입니다. 교수님과 이야기하면서 많은 자극도 받았고, 겸허하게 자신을 되돌아볼 수 있는 자성의 시간도 가지게 되었습니다. 오랫동안 시간을 내주셔서 감사합니다.

III 神學一念*
Theology Only

■ 1980. 9. 1~2007. 8. 31.

이 기간은 내가 장로회신학대학교 교수로 봉직한 시간이다. 1980년 2학기 개강 예배 때 이형기(李亨基), 박수암(朴壽巖), 정장복(鄭長福), 한숭홍(韓崇弘), 이런 순서로 우리 4명은 학생들에게 소개되었다.

그런데 나만은 별종(別種)이었다. 앞의 세 분은 모두 동문이고, 목사며, 영어권에서 신학을 공부한 공통성이 있는데, 나는 비동문이고, 평신도며, 독일에서 서양철학으로 공부를 마쳤으니 이들과는 처음부터 성속(聖俗)의 차이만큼이나 차별화될 수밖에 없었다. 그렇지만 역설적이게도 나는 별종의 덕을 톡톡히 본 것이다. 별종이 상대적으로 유별나게 보였기 때문에 교수로 초빙되지 않았겠는가.

그 당시 장신대는 영어와 독일어를 강조하며 인문과학 계열의 과목들도 점점 확대·개설해가는 추세였다. 이것은 1970년대 말까지만 해도 장신대가 한신대나 감신대 등에 비해 신학을 위한 도구 과목들

---

* 한숭홍. "神學一念"(논단). Newsletter (장신대 교수학습개발원) 제4권 1호 (2007. 3), p. 2.

에 비중을 두지 않았었다는 것을 의미한다. 어쨌든 이런 학문적 분위기에서 나의 교수 생활은 시작되었다.

1980년 9월 18일, 나는 추계 신앙수련회(사경회)에서 「합리와 비합리: 역사철학 방법론」이라는 제목의 특강을 하게 되었다. 이 원고가 그해 11월 3일 『신학춘추』에 발표되었다. 11월 27일에는 총학생회 주최로 열린 한 집회에서 「신학 방법서설: 生神學의 길」이란 특강을 했다.

이 두 강연은 나의 학문 여정의 프로레고메나(Prolegomena)였다. '합리'와 '비합리'는 철학과 신학으로 상징화될 수도 있고, 이성과 계시 또는 에로스와 아가페, 현실과 이상, 자연과 초자연 등등으로 다양하게 개념화될 수도 있다. 나는 이 두 동인(動因), 즉 합리와 비합리를 날줄과 씨줄로 삼아 27년간 엮어가며, 학문화를 계속해 왔다.

나는 생신학이란 용어를 '생활 신학(living theology)', '행동 신학(doing theology)', 때로는 '상생신학'까지도 아우르는 신학함의 본래성 그 자체로 규정하며, 처음부터 '삶의 신학(Lebenstheologie)'이란 개념으로 사용해왔고, 지금도 그런 의미를 함유한 개념으로 사용한다. '생', 즉 '삶'이란 실체가 나의 저서들과 논문들에서는 물론, 심지어 강연이나 강의에서조차 때로는 조용하게, 때로는 격렬하게, 때로는 피아니시모로, 때로는 포르티시모로 리듬을 타고 흐르고 있다.

1990년대부터 나는 역사(役事)하시는 하나님(神)과 민족 정서를 머금은 땅(土)과의 관계를 삶의 신학으로 구현하기 시작했다. 이를 위해 5년 동안 매달 논문 한 편씩 집필하여 『한국신학사상의 흐름』(상, 하권)으로 작품화했다. 이즈음인 1994년 10월 28일 『침신대학보』에「한국 토착화 신학의 현주소」라는 논문을 발표했는데, 여기에서 나는 "神土不二 神學"이란 용어를 처음 사용했다. 이 시점이 나의 신학을 '신토불이 신학'이란 학명으로 한국 신학계에 등록한 때라 하겠다.

  2000년대에 들어서면서부터 나는 여러 논문에서 신토불이 신학이란 무엇이며, 왜 신토불이 신학만이 보편적 신학, 우주적 신학일 수 있는지 등에 관하여 이론화하기 시작했다. '합리와 비합리' 간의 관계는 '신토체계(thegeosystem)'의 신학으로 정형화되어 "신토불이 신학(theology of thegeonomy)"이란 학명으로 등장했고, '철학적 신학'이라는 양태로 표출되었다.

  그렇다면 "철학적 신학이란 무엇인가? / 문화적 관점에서 정립하면 문화신학이요, / 성서적 관점에서 정립하면 신토(神土) 신학이다. / 신학은 신이 땅에 역사(役事)하는 하향적 행위(Agape)이며, / 땅의 흙인 인간이 신에게로 접근하는 상향적 행위(Eros)이다. / 그래서 神土不二 신학을 신학의 원형이라고 하지 않는가."(한숭홍, 『철학적 신학』, p. 6).

  나는 나의 신학이 어느 특정 신학의 표준(canon)이 되어야 한다고 역설하지는 않는다. 다만 한국에서의 신학 표준은 한국적이어야 한다는 점, 다시 말해 한국인을 위한 신학을 하려면 한국학적으로 접근해야 한다는 점만은 늘 그래왔듯이 지금도 힘주어 강조하는 바이다.

Ⅳ 신토불이(神土不二) 신학, 지평을 넘어*
Sintobul'yi Theology, Beyond the Horizon

▶ 교수님의 호에 사용된 무극의 의미는 무엇인가요?

무극(無極)이란 나의 호는 '무극이태극(無極而太極)'이란 의미나 우주적 개념과는 상관이 없습니다.

내가 쓰는 무극의 뜻은 어느 제한된 극을 갖지 않는다는 뜻입니다. 어느 한쪽에 치우치지 않고, 동서남북 전체를 아우른다는 의미, 누구와도 장벽 없이 열린 마음으로 접촉할 수 있고 대화할 수 있다는 개념으로 이 호를 씁니다.

▶ 신토불이 신학에 대하여 간단하게 설명해주십시오?

신토불이(神土不二) 신학을 의아하게 생각하는 사람이 많습니다. 신토불이 신학은 물활론도, 땅의 신에 대한 토속신앙이나 지모신(地母神)을 숭배하는 종교론도 아닙니다. '신토불이 신학(theology of the

---

* "신토불이[神土不二], 지평을 넘어: 무극(無極) 한숭홍(韓崇弘)" (퇴임 교수 인터뷰). 『神學春秋』, 2007. 5. 1, p. 2.

thegeonomy)'은 절대자와 피조물의 관계, 하나님과 땅과의 상관 관계론에서 기독교를 풀어나가는 신학입니다.

일반적으로 하나님을, 여호와(Jehovah), 스스로 있는 자, 이스라엘 백성과 관계를 맺으며 이방 민족을 진멸하는 하나님, 어느 한 민족만을 위한 하나님으로 여기는 경향이 있습니다. 그러나 창조주 하나님은 어느 특정 민족만을 위해서 역사(役事)하는 존재가 아닙니다. 하나님은 만인을 창조하셨습니다.

그러므로 우리의 하나님이기도 합니다. 우리나라 사람들은 창조주 하나님, 삼위일체 하나님을 믿으면서 그 하나님을 우리의 의식으로, 우리의 생활 습관으로 이해할 수 있어야 합니다.

하나님은 각 민족의 삶의 자리와 토속적 정서에 따라 '하나님과 땅의 불이적 연계(the non-dualistic nexus of God to earth)'로 존재합니다.

땅은 인간을 포함하여 모든 피조(被造) 세계를 포괄하고 있는 실체입니다. 물리적 공간뿐만 아니라 심리적 공간과 가상공간까지 땅의 실체로 이해할 수 있습니다.

땅에는 신적 본질이 담겨 있습니다. 창세기(창 1:27, 2:7)에 따르면 하나님은 땅의 흙으로 자신의 형상대로 인간을 창조했습니다. 그리고 땅과 온 피조물을 다스리라(창 1:28-30)고 명했습니다. 이 과정에서 문화와 종교가 생성된 것입니다.

문화에는 삶의 모든 현상이 담겨 있습니다. 그 가운데 하나가 종교입니다. '문화는 종교의 뿌리요 종교는 문화의 열매(Culture is the root of religion and religion the fruit of culture)'입니다.

▶ 신토불이 신학은 21세기 신학에서 어떤 의미가 있나요?

20세기 신학은 중반 이후 사멸해가고 있습니다. 서양에서 2000년 동안 신학의 주제들이 거의 다 다루어졌기 때문에 더는 새로운 신학의 동인들이 창출되기 어렵습니다. 이때를 기해 남미에서는 사회구조적 측면에서 해방신학이 돌출했으며, 독일을 중심으로는 몰트만, 판넨베르크, 융엘 등의 신학이 20세기의 마지막을 장식하고 있습니다. 이것이 현재 세계 신학계의 상황입니다. 그 이후의 세대는 존재하지 않습니다.

인정할 것은 솔직히 인정해야 합니다. 민중신학도 이런 이해의 맥락에서 해방신학을 한국 상황에 맞게 번안(飜案)하여, 1980년대 한국적 신학의 한 유형으로 등장했습니다.

신토불이 신학은 땅에서 일어나는 모든 현상에 관심이 많습니다.

민중신학이 단순히 인간과 삶의 사회현상에만 관심을 두었다면, 신토불이 신학은 인간이 속한 모든 환경을 비롯하여 총체적인 것과 관계를 갖고 신학함을 전개해 가고 있습니다. 신토불이 신학은 포괄적(包括的)이고 전천후적(全天候的)이라는 말씀입니다. 예를 들면 최근 부각하고 있는 생태신학을 정립하는데도 신토불이 신학은 매우 유용하게 적용될 수 있습니다.

요컨대, 신토불이 신학은 신학의 각 분야는 물론 기독교 교육학, 교회음악학과도 근본적인 유대를 형성할 수 있는 신학의 실체입니다. 거듭 말하거니와 신토불이 신학은 모든 신학과 연계(連繫)되어 있습니다.

▶ 1980년 교수님께서 말씀하신 "생신학(生神學)"은 무엇인가요?

그리스도가 오셨다는 것은 삶에 관심을 가진 사건에 대한 이해입니다. 생신학은 자연스럽게 그리스도에 관심을 두고, 그 민족과 그리스도의 관계에 대하여 고민하며 신학의 길을 열어간 것입니다. 환경과 더불어 상생하는 길, 더불어 사는 삶을 모색하려는 신학이 삶의 신학, 생신학, 상생의 신학이 아닙니까.

▶ 학생들이 어떤 학문 자세를 갖길 바라시나요?

공부를 직업교육 차원에서 끝내지 말고, 의식을 확장하는 기회로 만들어가라고 말하고 싶습니다. 신학만 외곬으로 파고들지 말고, 의식의 지평을 넓혀가며 신학 공부에 임하라는 말입니다. 이를 위해서 우선 다른 학문에도 깊은 애정을 갖고 접근하는 자세를 길러야 합니다. 역으로 말해서 학부에서 다른 학문을 공부했다면, 그 전공과 신학을 연계할 수 있는 길을 모색해 보라는 말입니다.

▶ 마지막으로 교수와 학생에게 한 말씀 해주신다면?

교수들에게 : 이미 자신들만의 신학적 체계를 이룬 분들이라 이분들에게 어떤 말씀을 드린다는 것은 매우 부담스럽습니다. 학문하는 분들이니 건강을 잘 챙기시라는 말씀 외는 할 말이 없습니다. 건강해야 학문에도 매진할 수 있기 때문입니다. 그리고 늘 열린 신학을

하고 진정한 열린 자세로 제자들을 키워주시길 당부드립니다.

　학생들에게 : 세계를 지향하며 생각하라는 말 외에는 할 말이 없군요. 열린 마음으로 다양한 가치체계를 받아들이고, 그런 포용력을 가지고 학문에 정진하기 바랍니다. 감사합니다.

V 장신과 함께한 27년을 돌아보며*
Looking Back on 27 Years with PUTS

1 퇴임에 대한 심정
What You felt in Retirement

　퇴임이란 직업인의 통과의례라고 생각합니다. 교수의 퇴임은 대학 강단에서 물러나야 하는 과정입니다. 그러므로 퇴임에 대한 심정은 당사자마다 다를 것입니다. 퇴임하며 비로소 낙향(落鄕)하는 선비의 심정을 이해할 수 있을 것 같았다면, 나의 감정이 둔한 것인가요?

　어쨌거나 나는 27년간 장로회신학대학교에서 교수하며 저서, 논문, 강연, 설교 등을 통해 때로는 과격한 논조나 비판적 시각으로 때로는 돌출된 이론이나 혁신적 해석으로 나의 철학과 신학을 표현했지만, 학교나 교단으로부터 한 번도 필화(筆禍)를 겪거나 이단 시비에 휩싸이지 않고 물러나게 되어 퇴임 자체가 행복하게 느껴집니다. 나

---

* "장신과 함께한 27년을 돌아보며"(퇴임 교수 인터뷰). 『2007 장신소식』(장신대 대외협력처) 제31호 (2007.9), pp. 8-9.

의 논문이나 저서, 작품 등이 학교나 교단의 정서 때문에 무뎌졌거나 종교재판을 피하려 신앙고백 같은 필치(筆致)로 작문 된 모범답안이 아니었기 때문에 퇴임하며 느끼는 희열은 그만큼 더 큰 것 같습니다.

그뿐만 아니라 나는 나를 사랑하는 많은 사람 때문에 행복한 마음으로 강단을 물러납니다. 나에 대한 장신대 교수들의 사랑은 배려의 차원을 넘어 진심 어린 온기로 나에게 전달되곤 했습니다. 제자들에게서 은퇴논문집을 받았을 때, 그 감격이 퇴임의 참 의미로 느껴져 가슴이 뭉클했습니다. 나의 어려움을 기꺼이 도와주곤 했던 직원들, 나의 교수 방법에 대해 불평불만 한번 없이 잘 따라왔던 학생들에게 감사하며 퇴임의 행복을 느낍니다.

나는 연구하고 가르치는 것이 교수의 천직(天職)이지만 퇴임으로 그 일마저 끝났다고 생각하지 않습니다. 교수의 연구와 가르침에는 끝이 없다는 말씀입니다. 교수가 퇴임했더라도 학술활동을 계속한다면 독자들에게 새로운 사상을 가르치는 것입니다. 이런 의미에서 나는 퇴임이란 새로운 형식의 교수함이라고 생각합니다. 이것이 퇴임에 대한 나의 솔직한 심정입니다.

2 교육자로서의 신념
Belief as An Educator

　나는 교육자의 최고 덕목은 진솔한 언행일치(言行一致)라고 믿습니다. 교육자의 언행일치는 삶에서뿐만 아니라 글에서도 선명하게 드러나야 합니다. 이러한 신념으로 지금까지 나는 나의 색깔을 드러낼 수 있는 글을 쓰며, 나의 사상을 창조해가며, 그 모습을 학생들에게 보여주려 노력했습니다. 비록 투박할지라도 정직한 말과 글로 나의 철학과 신학을 창출하여 형상화하는 것이 남의 말과 글을 적당히 엮어 놓은 개작(remake)보다 더 가치 있다고 확신하기 때문입니다.
　교육자로서의 신념이 구현되는 곳은 사제지간(師弟之間)인 것 같습니다. 학생을 피교육자로 대하며 대상화하는 것과 제자로 대하며 인격화하는 것은 근본적으로 다릅니다.
　지금까지 나는 내 과목을 선택한 학생들을 수강생 정도로 대하지 않고 다면인재(多面人材)로 키워야 할 제자로 대했습니다. 이를 위해 나는 어디에 가도 자기 몫을 감당해 낼 수 있도록 이들을 양육하는 데 심혈을 기울였습니다.
　어떤 제자는 지난 6년간 나에게서 자료들을 비교·해석해가며 이론화하는 방법, 학문 간 연계하여 독창적인 학설로 정립하는 방법, 독자적인 학문 체계론을 구축하는 방법 등등 나의 학문과 기술을 단계적으로 배워가며, 집중적으로 도제(徒弟) 교육을 받고 있습니다.

나는 그에게 원고 교정(校訂)이나 색인(索引) 작업 한번 시키지 않고 오직 공부만 하도록 내 연구실과 컴퓨터까지 내주고 6년 동안 가르쳐 주었습니다. 배움을 위한 숙성(熟成), 그것은 제자의 도를 쌓아가야 하는 기다림의 미학입니다.

정리하면 교육자의 언행일치와 인재양성을 위한 사도(師道)가 교육함의 정도(正道)라는 것이 나의 신념입니다.

3 장신대 교수로서 지난날을 돌아본다면
Looking Back at Your Past as a Professor of PUTS

한마디로 감개무량합니다. 1980년도 장신대 사진수첩을 보니 전임 교수 11명, 특별과정 학생들을 포함하여 전교생 940여 명이 등록되어 있었습니다. 교수 수는 지금의 5분의 1 정도이고, 학생 수는 절반 정도였습니다. 지금과 비교해보면 장신대의 발전은 비약적입니다. 시설 면에서도 그때와 비교가 안 됩니다. 열악한 환경에서도 열심히 배웠던 학생들이 지금은 목회자로, 교수로, 교회 지도자나 기관장으로 국내외에서 활동하고 있습니다.

나는 1980년 2학기에 이형기(李亨基), 박수암(朴壽巖,) 정장복(鄭長福) 교수와 함께 장신대 교수로 초빙되었습니다. 첫 학기부터 나는 국민윤리를 비롯한 철학 과목들과 교육철학 및 기독교 교육학 관련 과목들을 학부에서, 철학과 신학을 신대원에서 가르치도록 이미 확정된 시간표를 받았습니다.

그 당시 학부 학생들은 영어와 독일어 어학종합고사(語綜)와 성경종합고사(聖綜)를 통과해야 졸업을 할 수 있었습니다. 어종과 성종이 학생들에게 주는 스트레스는 대단했지만, 학생들은 학교의 교육방침에 대체로 순응하였습니다.

신학대학이기 때문에 성종에 역점을 두는 것까지는 이해할 수 있을 것입니다. 그렇지만 독일어까지도 진급과 연계시킨 교과과정은 어느 신학대학에서도 찾아볼 수 없는 획기적인 제도였습니다. 이런 분위기였기 때문에 나는 초급독일어(1학년 필수과목)와 중급독일어(2학년 필수과목)도 가르쳐야 했고, 3학년 이상의 학생들을 위한 독어 신학원서강독(선택과목)도 맡아 가르쳐야 했습니다.

　당시 명문대 대학원의 경우 전공과목과 영어 및 제2외국어(대체로 독일어나 불어 중 택일)가 시험 필수과목이었습니다. 나에게서 독일어 강독을 4학기 정도씩 배운 학생들이 연세 대학교 대학원과 연합신학대학원 등을 비롯하여 몇몇 대학원에 매년 합격하면서 많은 학생이 독일어에 관심을 기울이기 시작했습니다. 이런 관심의 결과는 독일 유학으로 이어졌습니다. 그때의 제자들이 독일에서 박사학위를 받았고 귀국하여 지금은 여러 곳에서 교수나 기독교 NGO로 활동하고 있으며, 해외에서 목회하고 있는 제자들도 있습니다. 나는 1997년 2학기까지 독어 신학원서강독을 맡아 가르쳤습니다.

　강의뿐만 아니라 논문지도도 교수에게는 매우 중요한 일입니다. 논문지도와 관련된 이야기를 하나 소개하지요. 나에게 논문지도를 받은 제자들이 기독교교육학과 졸업논문상을 연이어 받기도 했고, 신대원 졸업논문상을 받기도 했는데 어떤 이유에서인지 그 후에 이 제도가 없어졌습니다. 소기천(蘇基天) 교수도 내가 지도하여 논문상을 받은 제자 중의 한 명입니다. 지금은 나의 연구실(4001호)도 넘겨받아 그대로 사용하고 있습니다. 재미있는 사실은 소 교수의 딸 은혜 양도 나에게서 배웠는데, 부녀가 나의 제자가 된 것입니다. 이

숙명적인 인연, 얼마나 아름답습니까?

　화제를 바꿔보겠습니다. 1980년대 중반부터 거의 모든 대학이 운동권에 의해 장악되었습니다. 학생운동은 학내 투쟁으로 시작해서 사회 투쟁으로 격화(激化)되곤 했습니다. 장신대의 경우도 예외는 아니었습니다. 그 당시 장신대의 분위기는 종합대학교와 다를 바 없었습니다.

　운동권 출신 총학생회 회장과 임원들은 점령군처럼 행세했습니다. 저들은 강의 중인 복도를 층마다 다니며 메가폰으로 반정부구호와 학생징계철회를 외치며 소란을 피웠고, 저들 가운데 몇몇 여학생은 집단 삭발을 하며 학생들을 흥분시켰습니다. 미스바 광장에서는 온종일 꽹과리와 장구 등을 치며 난장판을 벌였습니다. 수업을 못 하도록 강의실 책상들을 모두 복도에 쌓아놓아 남은 학기 동안 가정학습으로 학기를 마무리한 적도 있었고, 신대원 입학시험을 교회에서 치른 적도 있었습니다. 데모에 불참했다거나 동조하지 않았다는 이유로 온건한 학생들이 외진 곳에 끌려가 폭행을 당하는 일도 비일비재했습니다. 이사장실을 점령하여 숙식하며 작전사령부처럼 사용하기도 했습니다. 집기들이 마당에 팽개쳐졌고, 곳곳의 기물들이 부서져 흉물스러웠습니다. 학교 비난 불온 대자보, "민주 장신!, 해방 장신!" 등의 구호가 적힌 현수막, 민중운동 걸개그림, 온갖 스프레이 낙서, 심지어 민주 졸업식까지 거행하며 운동권 학생들은 폭도로 변해갔습니다. 화장실 안의 네 벽은 교수들을 비난하는 낙서판이었습니다. 그 당시 살벌했던 폭력적 상황은 상상 이상으로 험악했습니다.

　장신대 학생소요가 가장 극렬한 때는 1985년부터 1987년까지입니다. 이때 나는 교무처장으로서 학생들을 지도해야 했습니다. 어느 대학에서나 교무처장은 운동권 학생들의 타도대상 1호였습니다.

어느 날은 서울남부지방검찰청에 가서 시내에서 화염병 던지며 데모하다 잡혀 온 학생을 위해 새파란 검사로부터 "더 이런 일이 없도록 책임지고 지도하라"는 협박 반, 훈계 반의 모욕적 대우를 받으며 백지에 불러주는 대로 "차후 이 학생이 다시 데모에 가담하면 모든 책임을 지겠다"는 내용의 각서를 쓰고 지장 찍고 학생을 넘겨받아 데려온 적도 있습니다. 내가 각서를 안 쓰면 그 학생이 보안법 위반으로 당장 구속되기 때문에 선택의 여지가 없었던 그 순간이 내 생애에서 가장 굴욕적인 시간이었습니다.

게다가 입학정원의 30%를 더 뽑아 4년간 단계적으로 30%를 강제로 제적해야 하는 졸업정원제 때문에 매 학기 말이면 제적 통보를 받은 학생들과 학부모들로부터 거친 항의를 받곤 했는데 그럴 때마다 가슴이 아렸습니다. 배우겠다고 찾아온 학생들을 몇 학기 가르치다 평점 몇 점이 모자란다는 이유로 어느 날 갑자기 강제로 제적시키며 사제(師弟)의 인연을 끊어야 하는 제도가 그 당시 한국 교육 당국이 착안한 교육철학이었습니다.

이런 일도 있었습니다. 1987학년도 학부 합격자 발표 후 며칠 지나 교육부에 불려 간 적이 있습니다. 당시 교육부는 장신대 신학과에 180명 정원에 30%에 해당하는 54명을 더하여 정원 234명을 배당해 주었습니다. 기독교교육학과, 교회음악학과 각 52명씩을 더하면 학부 1학년 정원이 338명이나 되었습니다. 교수회에서 이렇게 많은 학생으로는 교육을 제대로 할 수 없다며 신학과 정원을 100명으로 정하고 학생을 뽑은 것이 화근이 되었습니다. 입학 요강에 발표된 대로 뽑지 않았다며 학부모들이 학교에 찾아와 거칠게 항의하고, 교육부에 진정하고 난리였습니다.

내가 교무처장이었기 때문에 교육부에 불려가 대학 국장과 해당 장학관들을 만났는데, 그들은 살벌할 정도로 고압적 어조로 학교에 대한 감사와 책임자들(학장과 교무처장)에 대한 징계를 거론하며 감사에 착수할 자세였고, 나는 학교의 사정과 교육시설의 부족 등 몇 가지를 집중적으로 설명하며 그들을 설득했습니다.

설명을 듣고 나서 서슬이 퍼렇던 저들의 얼굴에는 매우 난처한 기색이 역력했습니다. 징계하자니 명분이 약하고, 묵인하자니 상부 기관의 권위가 서지 않기 때문에 고민스러웠던 것입니다.

그런데 다음날 주요 일간지들에 '대학마다 등록금 수입 때문에 입학정원을 증원하려 로비하는데, 오히려 잘 가르치려고 주어진 정원도 반만을 선발한 장신대의 예는 한국 교육사상 유례가 없는 일'이라는 내용의 호의적 기사들이 실리게 되었습니다. 어쨌든 이 일은 그 후 잘 마무리되었습니다. 이제는 이러한 일화들이 장신대 역사가 되었네요.

4 퇴임 후 계획

Plans after Retirement

우선 가능한 한 빨리 신토불이(神土不二) 신학의 총론과 각론을 집필·완성하여 출판할 계획입니다. 그리고 3분의 1쯤 쓰다가 중단된 루돌프 오토(Rudolf Otto)에 대한 평전과 라이몬 파니카(Raimon Panikkar)의 생애와 사상에 대한 저서도 빨리 정리하여 단행본으로 출판할 계획입니다.3)

---

3) 파니카의 생애와 사상에 관한 저서는 2011년에 출판되었그, 이어 신토불이 신학에 관한 저서 2권도 출판되었다.
『라이몬 파니카』. 서울: 북코리아, 2011./ 『신토불이 신학 논고』. 서울: 북코리아, 2013./ 『신토불이 신학의 본질과 현상』. 서울: 북코리아, 2014.

5 마지막으로 하실 말씀
The Last Thing You'd Like to Say

우선 교수들에게는 건강을 잃지 않도록 조심하시라는 말씀을 드리고 싶습니다. 직원들에게는 직업인이라는 의식보다는 선지 동산에서 일하도록 부름을 받았다는 소명의식을 갖고 학교 업무를 수행하도록 권하고 싶습니다.

학생들에게는 장로회신학대학교 특유의 독창적 학문을 만들어가겠다는 각오로 공부하라는 말 외에는 특별히 권할 말이 없네요. 이제는 서서히 장신의 색깔이, 장신만의 선명한 한국적 신학이 한국 신학계와 세계 신학계에 선보여야 할 때입니다. 100년의 역사는 이를 위한 준비 기간으로 충분합니다.

2부
나는 아직도 진화하고 있다
I'm Still Evolving

Ⅵ 나의 연구실적 목록
List of My Research Accomplishments

1 학위논문
Master's Thesis & Dissertation on Degree

(1) 한승홍. "폴 틸릭의 역사철학 연구." 미간행 석사학위논문, 연세 대학교 연합신학대학원, 1967.

(2) Han, Soong-Hong. Wissenschaftsbegriff und Wissenschaftsarchitektonik bei Georg Leonhard Rabus. Aachen: Mainz, 1978. [Dr. phil. Dissertation, RWTH Aachen, 1978.].

2 저서
Books

(1) 『표준논문작성법』. 서울: 장신대 출판부, 1982, 1986, 1993.

(2) 『기독교 교육론』(공저). 증보신판. 서울: 대한기독교교육협회, 1985.

(3) 『문화종교학』. 서울: 장신대 출판부, 1987, 1993.

(4) 『존재와 의식』. 서울: 장신대 출판부, 1989, 1994.

(5) 『기독교 교육철학 사상』. 서울: 장신대 출판부, 1991.

(6) 『무교회주의』. 서울: 도서출판 두란노, 1991.

(7) 『기독교 교육』(공저). 서울: 대한기독교교육협회, 1992.

(8) 『한경직의 생애와 사상』. 서울: 장신대 출판부, 1993.

(9) 『현대신학 개관』(공저). 서울: 현대신학연구소, 1994.

(10) 『한국신학사상의 흐름』 (상권). 서울: 장신대 출판부, 1996.

(11) 『한국신학사상의 흐름』 (하권). 서울: 장신대 출판부, 1996.

(12) 『표준논문작성법』. 개정증보판. 서울: 장신대 출판부, 1997.

(13) 『표준논문작성법』. 신개정판. 서울: 장신대 출판부, 2002.

(14) 『기독교 교육철학 사상』. 개정증보판. 서울: 장신대 출판부, 2002.

(15) 『신학이란 무엇인가?』. 서울: 장신대 출판부, 2003.

(16) 『철학 12강』. 서울: 장신대 출판부, 2005.

(17) 『표준논문작성법』. 최신개정판. 서울: 장신대 출판부, 2005.

(18) 『철학적 신학』. 서울: 장신대 출판부, 2006.

(19) 『장신논단 요약집 1』 (엮음). 서울: 장신대 출판부, 2006.

(20) 『장신논단 요약집 2』 (엮음). 서울: 장신대 출판부, 2007.

(21) 『한국신학사상의 흐름 』 (상권). 수정판. 서울: 장신대 출판부, 2007.

(22) 『한국신학사상의 흐름』(하권). 수정판. 서울: 장신대 출판부, 2007.

(23) 『한경직 – 예수를 닮은 인간, 그리스도를 보여준 교부』. 서울: 선학사, 2007.

(24) 『무엇이 교회를 위한 신학인가?』. 서울: 장신대 출판부, 2008.

(25) Soong-Hong Han. Kyung-Chik Han: A Man Taking after Jesus, A Church Father Having Presented Jesus. Trans. by Hoon Song. Kyung-Chik Han Collection 2: 265-516. Seoul: Kyung-Chik Han Foundation, 2010.

(26) 『라이몬 파니카』. 서울: 북코리아, 2011.

(27) 『신토불이 신학 논고』. 서울: 북코리아, 2013.

(28) 『신토불이 신학의 본질과 현상』. 서울: 북코리아, 2014.

(29) 『문화종교학 27강』. 서울: 동연출판사, 2017.

(30) 『나무에게 배우다』(시집 1). 서울: 문학공원, 2018.

(31) 『유리온실』(시집 2). 서울: 문학공원, 2019.

(32) 『시간의 여행』(회고록). 서울: 도서출판 동연, 2020.

(33) 『열쇠와 자물쇠』 (시집 3). 서울: 문학공원, 2020.

(34) 『천사의 음성』 (시집 4). 서울: 문학공원, 2021.

(35) 『N극과 S극』 (시집 5). 서울: 문학공원, 2021.

(36) 『생각의 지평』. 서울: 문학공원, 2021.

3 번역서

Books Translated by Me

(1) Hohoff, Curt / 한승홍 역. 『기독교 문학이란 무엇인가?』. 서울: 두란노서원, 1986, 1988, 1990.

(2) Macquarrie, John / 한승홍 역. 『20세기 종교사상』. 서울: 나눔사, 1989.

(3) Graham, Gordon / 한승홍 역. 『사회철학이란 무엇인가?』. 서울: 성지출판사, 1990.

(4) Cuzzort, Ray P., and Edith W. King / 한승홍 역. 『20세기 사회사상』. 서울: 나눔사, 1991.

(5) Heron, Alasdair I. C. / 한승홍 역. 『20세기 신학사상』. 서울: 성지출판사, 1992, 1997.

(6) Dawe, Donald G., and John B. Carman / 한승홍 역. 『종교다원주의와 기독교 신앙』. 서울: 나눔사, 1993.

4 논문 / 백과사전 기사
Academic Papers / Encyclopedia Articles

(1) "폴 틸리히의 신학적 방법론." 『연세춘추』, 1965. 11. 22, p. 4.

(2) "프리드리히 니이체 철학에 대한 새로운 이해." 『신학논단』 제13집 (1977. 2), pp. 85-108.

(3) "슐라이어마허의 종교철학과 신학구조." 『신학논단』 제14집 (1980. 7), pp. 131-51.

(4) "합리와 비합리: 역사철학 방법론." 『신학춘추』, 1980. 11. 3, p. 2.

(5) "역사를 움직인 사상가들: 르네상스 시대의 사상." 『숭의여대학보』, 1981. 4. 16, p. 2.

(6) "논리학에 관한 역사적 고찰." 『교회와 신학』 제13집 (1981. 5), pp. 239-67.

(7) "기독교 교육철학에 관한 소고." 『신학춘추』, 1981. 8. 21, p. 2.

(8) "철학적인 측면에서의 이데올로기 비판교육." 『새교육』 통권327

호 (1982. 1), pp. 61-68.

(9) "근세철학의 아버지 데까르뜨"(철학과 신학의 대화 3). 『신학춘추』, 1982. 4. 12, p. 4.

(10) "인간관계에 대한 실존철학적 조명." 『교육교회』 통권82호 (1982. 5), pp. 176-82.

(11) "동일철학의 스피노자"(철학과 신학의 대화 4). 『신학춘추』, 1982. 5. 17, p. 8.

(12) "기독교 교육학의 철학적 이론형성." 『교회와 신학』 제14집 (1982. 5), pp. 253-75.

(13) Nipkow, Karl Ernst / 한승홍 역. "기독교 교육과 성서적 신앙." 『교회와 신학』 제14집 (1982. 5), pp. 277-302.

(14) "아우구스티누스의 시간개념과 그의 시간개념에 대한 현대철학적 이해." 『춘계 이종성 박사 화갑기념논문집』. 서울: 장신대 출판부, 1982. Pp. 185-237.

(15) "단자론의 라이프니츠"(철학과 신학의 대화 5). 『신학춘추』, 1982. 6. 21, p. 4.

(16) "철학의 신은 하나의 보편성, 신학의 신은 절대적 창조자"(철학과

신학의 대화 6). 『신학춘추』, 1982. 8. 20, p. 4.

(17) "기독교 교육철학이란 무엇인가?" 『신학사상』 제38집 (1982 가을), pp. 565-95.

(18) "가치교육 개념의 교육철학적 조명." 『교육교회』 통권86호 (1982. 10), pp. 412-18.

(19) "선교 2세기를 향한 교회교육." 『활천』 제399호 (1982. 10), pp. 34-39.

(20) "이데올로기의 갈등과 국제이해." 『새교육』 통권337호 (1982. 11), pp. 65-70.

(21) "선교 2세기를 향한 교회교육." 이상근 편. 『한국교회, 내일의 과제』. 서울: 한국문서선교회, 1982. Pp. 57-67.

(22) "교회교육이 지녀야 할 역사철학." 『교육교회』 통권88호 (1983. 1), pp. 5-9.

(23) Nipkow, Karl Ernst / 한승홍 역. "기독교 교육과 성서적 신앙." 오인탁 편. 『기독교 교육과 신앙』. 서울: 홍성사, 1983. Pp. 47-73.

(24) "바리사이파." 『동아세계대백과사전』 제13권 (1983).

(25) "바시의 학살." 『동아세계대백과사전』 제13권 (1983).

(26) "반종교개혁." 『동아세계대백과사전』 제13권 (1983).

(27) "발도파." 『동아세계대백과사전』 제13권 (1983).

(28) "변증법 신학." 『동아세계대백과사전』 제14권 (1983).

(29) "성(聖)." 『동아세계대백과사전』 제17권 (1983).

(30) "성체논쟁." 『동아세계대백과사전』 제17권 (1983).

(31) "신(神)." 『동아세계대백과사전』 제18권 (1983).

(32) "신학." 『동아세계대백과사전』 제19권 (1983).

(33) "종교민족학." 『동아세계대백과사전』 제25권 (1983).

(34) "종교심리학." 『동아세계대백과사전』 제25권 (1983).

(35) "종교철학." 『동아세계대백과사전』 제25권 (1983).

(36) "종교학." 『동아세계대백과사전』 제25권 (1983).

(37) "종말론." 『동아세계대백과사전』 제25권 (1983).

(38) "토마스 아퀴나스." 『동아세계대백과사전』 제28권 (1983).

(39) Hohoff, Curt / 한승홍 역. "기독교 문학이란 무엇인가?" 『교회와 신학』 제15집 (1983.5), pp. 219-49.

(40) "교육과 철학"(현대 교육철학의 흐름 1). 『교육교회』 통권94호 (1983. 8), pp. 409-20.

(41) "신학과 비판철학의 접촉." 『신학춘추』, 1983. 8. 22, p. 2.

(42) "교육학과 해석학"(현대 교육철학의 흐름 2). 『교육교회』 통권 95호 (1983. 9), pp. 470-80.

(43) "교육학과 현상학"(현대 교육철학의 흐름 3). 『교육교회』 통권 97호 (1983. 11·12), pp. 616-33.

(44) "기독교사관과 유물사관." 『교회와 신학』 제16집 (1984. 5), pp. 61-113.

(45) "기독교의 사랑 개념에 대한 소고." 『박창환 박사·주선애 교수 화갑기념 논문집』. 서울: 장신대 출판부, 1984. Pp. 173-86.

(46) Kaufmann, Hans Bernhard / 한승홍 역. "세대간의 신앙, 학습, 교육." 맹용길 편. 『성숙한 교회와 교육선교』 (한국교회 100주년 기념 교육대회 강연집). 서울: 대한예수교장로회 총회교육부, 1984.

Pp. 335-61.

(47) "교육학과 인간학"(1). 『새교육』 통권360호 (1984. 10), pp. 17-22.

(48) "교육학과 인간학"(2). 『새교육』 통권361호 (1984. 11), pp. 16-23.

(49) "기독교사관과 유물사관." 『대학사회와 이데올로기』 제1집 (1984. 12), pp. 9-42.

(50) "기독교 교육철학이란 무엇인가?" 오인탁 외. 『기독교 교육론』. 증보신판. 서울: 대한기독교교육협회, 1985. Pp. 455-83.

(51) "변증법적 유물론과 유물사관." 『교회와 신학』 제17집 (1985. 5), pp. 243-84.

(52) Hohoff, Curt / 한숭홍 역. "기독교와 문학." 『교회와 신학』 제17집 (1985. 5), pp. 323-59.

(53) "추수감사절 – 추수·감사·축제를 중심으로.' 『기독교교육』 통권214호 (1985. 10), pp. 11-16.

(54) "슐라이어마허의 「신앙론」." 『빛과 소금』 제8호 (1985. 11), pp. 116-19.

(55) Hohoff, Curt / 한승홍 역. "기독교 문학이란 무엇인가?" 『빛과 소금』 제9호 (1985. 12), pp. 118-21.

(56) "슐라이어마허의 「신앙론」에 대한 분석적 이해." 『장신논단』 창간호 (1985. 12), pp. 293-319.

(57) Hohoff, Curt / 한승홍 역. "문학의 대상으로서의 종교." 『빛과 소금』 제10호 (1986. 1), pp. 117-19.

(58) "슐라이어마허의 신학적 모티브에 대한 전기적 이해." 『교회와 신학』 제18집 (1986. 5), pp. 120-49.

(59) "슐라이어마허"(기독교사상과 인물 시리즈 3). 『한국기독공보』, 1986. 6. 7, p. 4.

(60) "구속사의 유비." 86·88 성회 편집실 엮음. 『그 나라와 그 의: 신학 30인이 말하는 민족 선교론』. 서울: 초석출판사, 1986. Pp. 37-47.

(61) "청소년에게 삶을 어떻게 가르칠까?" 『교사대학 지도자 세미나 교재(2단계)』. 서울: 대한예수교장로회 총회교육부, 1986. Pp. 219-26.

(62) "철학적인 측면에서의 이데올로기 비판 교육." 『대학사회와 이데올로기』 제2집 (1986. 12), pp. 288-97.

(63) "문화적 입장에서 본 한민족사에 있어서의 기독교의 위치." 『장신』 제26집 (1987. 4), pp. 31-36.

(64) "청소년의 삶과 가치의 형성." 『교육교회』 통권134호 (1987. 5), pp. 399-405.

(65) "옷토 프리드리히 볼노의 실존교육사상." 『교회와 신학』 제19집 (1987. 5), pp. 446-67.

(66) "인간의 조건." 『신학논단』 (김찬국 교수 회갑기념논문집) 제17집 (1987. 5), pp. 353-63.

(67) "크리스챤은 누구인가?" 『신앙세계』 제227호 (1987. 6), pp. 42-45.

(68) "교육학의 사회적 기능." 『새교육』 통권394호 (1987. 8), pp. 22-29.

(69) "믿음이란 무엇인가?" 『신앙세계』 제229호 (1987. 8), pp. 84-86.

(70) "기독교 교육학의 과학성." 『교육교회』 통권137호 (1987. 8), pp. 714-24.

(71) "존 번연의 「천로역정」: 낙원으로 가는 순례자의 여로." 『기독

교사상』 제345호 (1987. 9), pp. 77-87.

(72) "막스 호르크하이머와 그의 철학." 『장신논단』 제3집 (1987. 12), pp. 352-77.

(73) "철학의 사회적 기능." 유원동 외 공편. 『현대사조의 이해』 제8집. 서울: 형설출판사, 1987. Pp. 9-25.

(74) "평화교육이란 무엇인가?" 『교육교회』 통권142호 (1988. 1), pp. 18-27.

(75) "평화교육 일고." 『교육교회』 통권143호 (1988. 2), pp. 146-54.

(76) "부활신앙에 대한 기독교 교육학적 이해." 『기독교교육』 통권242호 (1988. 4), pp. 15-19.

(77) "프롬과 그의 마르크스상." 『교회와 신학』 제20집 (1988. 5), pp. 336-65.

(78) "과학과 신앙." 『교육교회』 통권146호 (1988. 6), pp. 473-81.

(79) "교회 청소년 문화의 현실과 전망." 『기독교교육』 통권247호 (1988. 10), pp. 15-19.

(80) "사회와 사상." 『장신논단』 제4집 (1988. 11), pp. 138-62.

(81) "마르크스의 인간관." 『현대사조의 이해』 제9집. 서울: 형설출판사, 1988. Pp. 183-201.

(82) "존재와 의식: 새로운 철학방법 서설." 『신학춘추』, 1988. 12. 12, p. 2.

(83) "20세기와 기독교교육"(연재: 기독교 교육철학 및 사상 1). 『기독교교육』 통권250호 (1989. 1), pp. 74-80.

(84) "통일교육론 분석: 서독의 통일 의지를 중심으로." 『성숙한 교회와 통일 교육』. 서울: 대한예수교장로회총회 출판국, 1989. Pp. 143-53.

(85) "민주주의와 기독교교육"(연재: 기독교 교육철학 및 사상 2). 『기독교교육』 통권251호 (1989. 2), pp. 57-64.

(86) "교회학교 교사론"(연재: 기독교 교육철학 및 사상 3). 『기독교교육』 통권252호 (1989. 3), pp. 77-82.

(87) "기독교 교육철학의 역할과 기능"(연재: 기독교 교육철학 및 사상 4). 『기독교교육』 통권253호 (1989. 4), pp. 52-58.

(88) "기독교 교육학의 학문성 문제: 이론과 실제의 관계를 중심으로"

(연재: 기독교 교육철학 및 사상 5). 『기독교교육』 통권254호 (1989. 5), pp. 62-68.

(89) "실존적 인간이해와 시적 세계관." 『교회와 신학』 제21집 (1989. 5), pp. 230-51.

(90) "전환점에 선 기독교 교육"(연재: 기독교 교육철학 및 사상 6). 『기독교교육』 통권255호 (1989. 6), pp. 50-56.

(91) "기독교 교육의 목적"(연재: 기독교 교육철학 및 사상 7). 『기독교교육』 통권256호 (1989. 7·8), pp. 78-85.

(92) "신정통신학과 한국신학"(특집: 한국신학의 현주소 5). 『목회와 신학』 제2호 (1989. 8), pp. 70-78.

(93) "신앙공동체와 기독교 교육"(연재: 기독교 교육철학 및 사상 8). 『기독교교육』 통권257호 (1989. 9), pp. 50-58.

(94) "생명 경시의 윤리적 타락현상." 『기도』 제301호 (1989. 9), pp. 14-17.

(95) "기독교 교육학과 세계관의 변화"(연재: 기독교 교육철학 및 사상 9). 『기독교교육』 통권258호 (1989. 10), pp. 68-73.

(96) "기독교 교육의 접근방법 유형들"(연재: 기독교 교육철학 및 사상

10). 『기독교교육』 통권259호 (1989. 11) pp. 52-61.

(97) "무(無)의 철학서설." 『신학춘추』, 1989. 11. 6, p. 2.

(98) "기독교 교육학의 과학성: 구조적 측면에서"(연재: 기독교 교육철학 및 사상 11). 『기독교교육』 통권260호 (1989. 12), pp. 44-52.

(99) "기독교 교육학의 과학성: 구조적 측면에서." 『쉐마』 제4집 (1989. 12), pp. 70-80.

(100) "인간이란 무엇인가?" 『장신논단』 제5집 (1989. 12), pp. 333-56.

(101) "한국신학 사상의 서장"(연재: 한국신학사상의 흐름 1). 『목회와 신학』 제7호 (1990. 1), pp. 210-16.

(102) "기독교 교육철학"(연재: 기독교 교육철학 및 사상 12). 『기독교교육』 통권261호 (1990. 1), pp. 51-58.

(103) "한국 근대사회사상의 변천과 기독교"(연재: 한국신학사상의 흐름 2). 『목회와 신학』 제8호 (1990. 2), pp. 188-99.

(104) "호모 크리스티아누스(homo Christianus)의 기독교 교육철학" (연재: 기독교 교육철학 및 사상 13). 『기독교교육』 통권262

호 (1990. 2), pp. 56-63.

(105) "기독교와 민족운동"(연재: 한국신학사상의 흐름 3). 『목회와 신학』 제9호 (1990. 3), pp. 192-202.

(106) "기독교 교육학의 철학적 기초"(연재: 기독교 교육철학 및 사상 14). 『기독교교육』 통권263호 (1990. 3), pp. 46-50.

(107) "한국신학 형성의 새 기원"(연재: 한국신학사상의 흐름 4). 『목회와 신학』 제10호 (1990.4), pp. 200-212.

(108) "신앙교육론"(연재: 기독교 교육철학 및 사상 15). 『기독교교육』 통권264호 (1990. 4), pp. 39-51.

(109) "이용도론 I: 생애와 부흥운동을 중심으로"(연재: 한국신학사상의 흐름 5). 『목회와 신학』 제11호 (1990. 5), pp. 202-13.

(110) "기독교 교육철학과 현대사회"(연재: 기독교 교육철학 및 사상 16). 『기독교교육』 통권265호 (1990. 5), pp. 49-55.

(111) "평화신학." 『교회와 신학』 제22집 (1990. 5), pp. 51-76.

(112) "이용도론 II: 신학과 사상을 중심으로"(연재: 한국신학사상의 흐름 6). 『목회와 신학』 제12호 (1990. 6), pp. 210-21.

(113) "교육화와 인간화"(연재: 기독교 교육철학 및 사상 17). 『기독교 교육』 통권266호 (1990. 6), pp. 48-51.

(114) "인간화: 기독교 교육철학적 측면에서의 이해." 『기독교와 교육』 제4호 (1990. 6), pp. 14-20.

(115) "무교회주의 I: 김교신의 생애를 중심으로"(연재: 한국신학사상의 흐름 7). 『목회와 신학』 제13호 (1990. 7), pp. 228-39.

(116) "기독교 교육학의 미래적 위상"(연재: 기독교 교육철학 및 사상 18). 『기독교교육』 통권267호 (1990. 7·8), pp. 58-65.

(117) "평화신학에 대한 소고." 『기독교 연합신문』, 1990. 8. 5, p. 5.

(118) "무교회주의 II: 함석헌의 사상을 중심으로"(연재: 한국신학사상의 흐름 8). 『목회와 신학』 제14호 (1990. 8), pp. 220-34.

(119) "무교회주의 III"(연재: 한국신학사상의 흐름 9). 『목회와 신학』 제15호 (1990. 9), pp. 176-91.

(120) "기독교 교육철학과 평화신학 1: 정의의 신학 측면에서"(연재: 기독교 교육철학 및 사상 19). 『기독교교육』 통권268호 (1990. 9), pp. 51-59.

(121) "철학과 신학." 『총신대보』, 1990. 9. 24, p. 2.

(122) "정통보수주의 신학사상 I: 박형룡의 생애와 신학형성을 중심으로"(연재: 한국신학사상의 흐름 10). 『목회와 신학』 제16호 (1990. 10), pp. 196-209.

(123) "기독교 교육철학과 평화신학 2: 가능성 탐구의 한 시도"(연재: 기독교 교육철학 및 사상 20). 『기독교교육』 통권269호 (1990. 10), pp. 58-63.

(124) "보수정통주의 신학사상 II: 박형룡의 정통신학을 중심으로"(연재: 한국신학사상의 흐름 11). 『목회와 신학』 제17호 (1990. 11), pp. 172-79.

(125) "기독교 교육철학과 평화신학 3: 창조질서 보전의 신학 측면에서"(연재: 기독교 교육철학 및 사상 21). 『기독교교육』 통권270호 (1990. 11), pp. 37-45.

(126) "김재준의 신학사상 I"(연재: 한국신학사상의 흐름 12). 『목회와 신학』 제18호 (1990. 12), pp. 163-69.

(127) "12월 25일, 성탄절을 찾아서." 『현대종교』 제200호 (1990. 12), pp. 24-33.

(128) "철학적 신학의 기초이론에 관한 연구." 『장신논단』 제6집 (1990. 12), pp. 481-523.

(129) "김재준의 신학사상 II"(연재: 한국신학사상의 흐름 13). 『목회와 신학』 제19호 (1991. 1), pp. 188-97.

(130) "기독교 교육철학의 현재와 미래"(연재: 기독교 교육철학 및 사상 22). 『기독교교육』 통권272호 (1991. 1), pp. 77-82.

(131) "윤성범의 신학사상 I"(연재: 한국신학사상의 흐름 14). 『목회와 신학』 제20호 (1991. 2), pp. 176-85.

(132) "윤성범의 신학사상 II"(연재: 한국신학사상의 흐름 15). 『목회와 신학』 제21호 (1991. 3), pp. 184-93.

(133) "윤성범의 신학사상 III"(연재: 한국신학사상의 흐름 16). 『목회와 신학』 제22호 (1991. 4), pp. 176-87.

(134) "전쟁과 위기 속에 있는 창조질서." 『기독교사상』 제388호 (1991. 4), pp. 54-65.

(135) "초혼신학에 대한 종교학적 이해"(연재: 한국신학사상의 흐름 17). 『목회와 신학』 제23호 (1991. 5), pp. 174-91.

(136) "윤성범의 생애와 신학." 『교회와 신학』 제23집 (1991. 5), pp. 434-61.

(137) "김정준의 신학사상 I"(연재: 한국신학사상의 흐름 18). 『목회와

신학』 제24호 (1991. 6), pp. 170-79.

(138) "김정준의 신학사상 II"(연재: 한국신학사상의 흐름 19). 『목회와 신학』 제25호 (1991. 7), pp. 204-13.

(139) "초기 선교사들의 신학과 사상." 『한국기독교와 역사』 창간호 (1991. 7), pp. 49-67.

(140) "김정준의 신학사상 III"(연재: 한국신학사상의 흐름 20). 『목회와 신학』 제26호 (1991. 8), pp. 225-35.

(141) "존 매쿼리의 철학적 신학과 구조: 그의 「기독교 신학의 원리」를 중심으로"(기독교 사상의 고향 51). 『한국기독공보』, 1991. 8. 24, p. 5.

(142) "김응조의 신학과 사상 I: 그의 생애를 중심으로"(연재: 한국신학사상의 흐름 21). 『목회와 신학』 제27호 (1991. 9), pp. 159-68.

(143) "임마누엘 칸트, 「이성의 한계 안에서의 종교」"(기독교 사상의 고향 52). 『한국기독공보』, 1991. 9. 21, p. 5.

(144) "김응조의 신학과 사상 II: 해방 뒤 그의 생애를 중심으로"(연재: 한국신학사상의 흐름 22). 『목회와 신학』 제28호 (1991. 10), pp. 190-99.

(145) "쿠르트 호호프, 「기독교 문학이란 무엇인가?」"(기독교 사상의 고향 53). 『한국기독공보』, 1991. 10. 5, p. 5.

(146) "요아힘 바하, 「종교의 비교연구」"(기독교 사상의 고향 54). 『한국기독공보』, 1991. 10. 19, p. 5.

(147) "김응조의 신학사상 III"(연재: 한국신학사상의 흐름 23). 『목회와 신학』 제29호 (1991. 11), pp. 211-23.

(148) "마틴 하이덱거, 「존재와 시간」"(기독교 사상의 고향 55). 『한국기독공보』, 1991. 11. 9, p. 7.

(149) "2000년대를 향한 한국신학의 전망과 과제." 『연합신학대학원 동문회보』 제2호 (1991. 11), pp. 22-27.

(150) "요셉 포그트, 「역사적 보편세계에의 도정」"(기독교 사상의 고향 56). 『한국기독공보』, 1991. 11. 16, ɔ. 5.

(151) "칼 야스퍼스, 「철학입문」"(기독교 사상의 고향 57). 『한국기독공보』, 1991. 11. 23, p. 5.

(152) "만수 김정준의 신학과 사상: 민중신학의 구약성서적 근거." 『신학과 경건』 (만수 김정준 논집). 서울: 대한기독교서회, 1991. Pp. 369-83.

(153) "발터 슐츠, 「근대 형이상학의 신」"(기독교 사상의 고향 58). 『한국기독공보』, 1991. 12. 7, p. 5.

(154) "19세기 논리학 개혁운동에 대한 연구: 게오르그 레온하드 라부스의 평가를 중심으로." 『장신논단』 제7집 (1991. 12), pp. 447-68.

(155) "프리드리히 니체, 「짜라투스트라는 이렇게 말했다」"(기독교 사상의 고향 59). 『한국기독공보』, 1991. 12. 21, p. 7.

(156) "홍현설의 신학사상 I"(연재: 한국신학사상의 흐름 24). 『목회와 신학』 제31호 (1992. 1), pp. 210-20.

(157) "홍현설의 신학사상 II"(연재: 한국신학사상의 흐름 25). 『목회와 신학』 제32호 (1992. 2), pp. 212-26.

(158) "최병헌의 신학사상 I"(연재: 한국신학사상의 흐름 26). 『목회와 신학』 제33호 (1992. 3), pp. 238-51.

(159) "목사의 도와 장로의 도: 한국교회의 올바른 지도자상 정립." 『교회와 신학』 (이종성 박사 고희기념논문집). 서울: 대한기독교서회, 1992. Pp. 594-607.

(160) "최병헌의 신학사상 II"(연재: 한국신학사상의 흐름 27). 『목회와 신학』 제34호 (1992. 4), pp. 170-79.

(161) "최태용의 신학사상 I"(연재: 한국신학사상의 흐름 28). 『목회와 신학』 제35호 (1992. 5), pp. 192-205.

(162) "최태용의 신학사상에 대한 평전적 이해." 『교회와 신학』 제24집 (1992. 5), pp. 507-32.

(163) "2000년대를 향한 한국신학의 전망과 과제." 『복음과 상황』 제9호 (1992. 5·6), pp. 116-27.

(164) "최태용의 신학사상 II"(연재: 한국신학사상의 흐름 29). 『목회와 신학』 제36호 (1992. 6), pp. 204-12.

(165) "신학이란 무엇인가?" 『신학춘추』, 1992. 6. 19, pp. 2-3.

(166) "한경직의 생애와 사상 I"(연재: 한국신학사상의 흐름 30). 『목회와 신학』 제37호 (1992. 7), pp. 180-97.

(167) "한경직의 생애와 사상 II"(연재: 한국신학사상의 흐름 31). 『목회와 신학』 제38호 (1992. 8), pp. 248-62.

(168) "한경직의 생애와 사상 III"(연재: 한국신학사상의 흐름 32). 『목회와 신학』 제39호 (1992. 9), pp. 180-93.

(169) "기독교 교육과 문화." 한국기독교 교육학회 편. 『기독교 교육』 (정웅섭·이원희 교수 회갑기념논문집). 서울: 대한기독교교육협

회, 1992. Pp. 351-56.

(170) "한경직의 생애와 사상 IV"(연재: 한국신학사상의 흐름 33). 『목회와 신학』 제40호 (1992. 10), pp. 236-48.

(171) "정경옥의 신학사상 I"(연재: 한국신학사상의 흐름 34). 『목회와 신학』 제41호 (1992. 11), pp. 213-31.

(172) "파울 틸리히의 역사철학 서설." 『장신논단』 제8집 (1992. 11), pp. 375-92.

(173) "정경옥의 신학사상 II"(연재: 한국신학사상의 흐름 35). 『목회와 신학』 제42호 (1992. 12), pp. 179-87.

(174) "박윤선의 신학사상 I"(연재: 한국신학사상의 흐름 36). 『목회와 신학』 제43호 (1993. 1), pp. 194-203.

(175) "이광수의 「흙」 -'농민의 속으로 가자'." 『열린 마음』 제2호 (1993. 2), pp. 18-21.

(176) "박윤선의 신학사상 II"(연재: 한국신학사상의 흐름 37). 『목회와 신학』 제44호 (1993. 2), pp. 205-17.

(177) "박윤선의 신학사상 III"(연재: 한국신학사상의 흐름 38). 『목회와 신학』 제45호 (1993. 3), pp. 251-61.

(178) "신학의 본질론에 관한 논고: 신학함의 새로운 차원을 찾아서." 『신학춘추』, 1993. 3. 24, pp. 2-4.

(179) "한국신학 사상 정립을 위한 기초론"(연재: 한국신학사상의 흐름 39). 『목회와 신학』 제46호 (1993. 4), pp. 235-41.

(180) "양주삼의 생애와 신학사상 I"(연재: 한국신학사상의 흐름 40). 『목회와 신학』 제47호 (1993. 5), pp. 201-9.

(181) "파울 틸리히의 역사해석에 대한 실존철학적 이해." 『교회와 신학』 제25집 (1993. 5), pp. 559-81.

(182) "양주삼의 생애와 신학사상 II"(연재: 한국신학사상의 흐름 41). 『목회와 신학』 제48호 (1993. 6), pp. 197-207.

(183) "기독교문화 정착을 위한 바람직한 교육방안." 『제1회 교회여성문제심포지움』 (자료집). 서울: 대한예수교장로회 여전도회 전국연합회 한국교회여성문제 연구소, 1993. Pp. 16-24.

(184) "양주삼의 생애와 신학사상 III"(연재: 한국신학사상의 흐름 42). 『목회와 신학』 제49호 (1993. 7), pp. 237-50.

(185) "양주삼." 『반민족문제연구』 제3호 (1993. 7), pp. 26-32.

(186) "민족신학이란 가능한가?" 『민족과 신학』 제1호 (1993. 8),

pp. 312-18.

(187) "양주삼의 생애와 신학사상 IV"(연재: 한국신학사상의 흐름 43). 『목회와 신학』 제51호 (1993. 9), pp. 202-19.

(188) "남궁 혁의 생애와 신학사상 I"(연재: 한국신학사상의 흐름 44). 『목회와 신학』 제53호 (1993. 11), pp. 214-23.

(189) "남궁 혁의 생애와 신학사상 II"(연재: 한국신학사상의 흐름 45). 『목회와 신학』 제54호 (1993. 12), pp. 220-25.

(190) "계보별로 본 한국신학사." 『장신논단』 제9집 (1993. 12), pp. 569-95.

(191) "남궁 혁의 생애와 신학사상 III"(연재: 한국신학사상의 흐름 46). 『목회와 신학』 제55호 (1994. 1), pp. 201-15.

(192) "송창근의 생애와 신학사상 I"(연재: 한국신학사상의 흐름 47). 『목회와 신학』 제56호 (1994. 2), pp. 208-16.

(193) "틸리히의 문화신학." 조성노 편. 『현대신학 개관』. 서울: 현대신학연구소, 1994. Pp. 257-89.

(194) "송창근의 생애와 신학사상 II"(연재: 한국신학사상의 흐름 48). 『목회와 신학』 제59호 (1994. 5), pp. 151-70.

(195) "기독교의 생명관"(주제별 신학연구). 『기독교사상』 제425호 (1994. 5), pp. 156-66.

(196) "남궁 혁의 신학사상." 『교회와 신학』 제26집 (1994. 5), pp. 554-73.

(197) "서남동의 생애와 신학사상 I"(연재: 한국신학사상의 흐름 49). 『목회와 신학』 제62호 (1994. 8), pp. 190-97.

(198) "철학적 신학이란 무엇인가?" 『성서마당』 제8호 (1994. 8), pp. 6-8.

(199) "서남동의 생애와 신학사상 II"(연재: 한국신학사상의 흐름 50). 『목회와 신학』 제63호 (1994. 9), pp. 162-68.

(200) "한국 토착화 신학의 현주소." 『침신대학보』 1994. 10. 28, p. 2.

(201) "라부스의 철학과 자연과학의 사원구성적 체계이론." 『장신논단』 제10집 (1994. 11), pp. 636-55.

(202) "민족 수난기의 신학자 송창근." 『교회와 신학』 제27집 (1995. 5), pp. 182-204.

(203) "교회성장과 교회교육." 『장신논단』 제11집 (1995. 11), pp. 391-418.

(204) "21세기에 기대되는 인간상." 대한예수교장로회총회교육부 편. 『21세기와 예수 그리스도』. 서울: 한국장로교 출판사, 1995. Pp. 39-54.

(205) "21세기 한국신학의 과제와 전망." 『1996 교수 연구논문집』 제1집. 서울: 장로회신학대학교 기획실, 1996. Pp. 322-32.

(206) "21세기 한국신학의 과제와 전망." 『장신논단』 제12집 (1996. 11), pp. 414-35.

(207) "기독교와 민족운동." 『신학춘추』, 1996. 11. 26, pp. 2-3.

(208) "기독교문화 정착을 위한 바람직한 교육방안." 『하나님의 말씀과 우리말 성경』 (나채운 교수 은퇴기념논문집). 서울: 장신대 출판부, 1997. Pp. 462-71.

(209) "한국교회사와 함께 한 눈물의 선지자들." 『목회와 신학』 제95호 (1997. 5), pp. 76-81.

(210) "21세기 교회가 요구하는 지도자상." 『교회와 신학』 제31집 (1997 겨울), pp. 60-77.

(211) "문화변동에 따른 신학의 변화전망." 『장신논단』 제13집 (1997. 12), pp. 487-514.

(212) "경제위기와 교육위기." 『교회와 신학』 제33호 (1998 여름), pp. 45-58.

(213) "21세기의 가상교회." 『장신논단』 제14집 (1998. 12), pp. 627-72.

(214) "한국기독교의 어제: 그 역할과 의미." 『장신논단』 제15집 (1999. 12), pp. 654-76.

(215) "소망에 대한 철학적 접근." 대한예수교장로회 총회교육부 편. 『인류의 소망이신 예수 그리스도』. 서울: 한국장로교 출판사, 1999. Pp. 249-66.

(216) "사이버 문화와 기독교 교육." 『교회와 교육』 제154호 (2000 봄), pp. 162-72.

(217) "한국신학, 무엇이 문제인가?" 『장신논단』 제16집 (2000. 12), pp. 808-22.

(218) "한경직 목사의 영성과 한국교회에 미친 영향." 『장신논단』 제17집 (2001. 12), pp. 541-78.

(219) "김응조 목사의 신학과 사상." 정상운 편. 『영암 김응조 목사의 신사참배』. 서울: 이레서원, 2001. Pp. 47-89.

(220) "한경직 목사의 영성과 한국교회에 미친 영향." 『한국교회와 한경직 목사』 (1주기 추모 자료집). 서울: 한경직목사기념사업회, 2002. Pp. 51-74.

(221) "그리스도와 이데올로기 극복." 『장신논단』 제18집 (2002. 12), pp. 787-817.

(222) "변선환의 신학사상." 『장신논단』 제19집 (2003. 12), pp. 351-76, pp. 552-54(영문초록).

(223) "한국기독교의 상황적 해석과 이해의 가변성 문제." 『신학춘추』, 2004. 11. 23, p. 8.

(224) "루돌프 오토(1869-1937): 그의 신학수업 시기를 중심으로." 『장신논단』 제22집 (2004. 12), pp. 469-91, pp. 564-66(영문초록).

(225) "광복 60년사와 맞물려온 한국신학의 변천사." 『목회와 신학』 제194호 (2005. 8), pp. 74-81.

(226) "기독교 인간관 : 神土不二 神學의 관점에서." 『본질과 현상』 통권2호 (2005 겨울), pp. 37-50.

(227) "한국교회 분열과 신학적 논쟁: 神土不二 神學의 사고 지평에서 개진하며." 『장신논단』 제24집 (2005. 12), pp. 553-82, pp.

583-84(영문초록).

(228) "기독교문화와 교회의 미래." 『교회와 신학』 제64호 (2006 봄), pp. 6-11.

(229) "김삼환 목사의 목회철학." 『교회와 신학』 제65호 (2006 여름), pp. 103-14.

(230) "디지털 시대의 기독교 영성." 『교회와 신학』 제66호 (2006 가을), pp. 6-11.

(231) "신, 그는 누구인가?" 『본질과 현상』 통권5호 (2006 가을), pp. 200-214.

(232) "식물은 무엇을 말하는가?" 『본질과 현상』 통권6호 (2006 겨울), pp. 161-79.

(233) "오늘의 한국기독교, 무엇이 문제인가?" 『장신논단』 제27집 (2006. 12), pp. 505-32, pp. 533-34(영문초록).

(234) "호모 에코노미쿠스." 『본질과 현상』 통권7호 (2007 봄), pp. 150-171.

(235) "평양 대부흥운동의 神土不二 신학적 구조." 『교회와 신학』 제68호 (2007 봄), pp. 6-15.

(236) "디지털 시대, 한국교회 어디로 가야 하는가?" 『장신논단』 제28집 (2007. 6), pp. 213-39, pp. 240-42(영문초록).

(237) "역사철학에도 코페르니쿠스는 존재하는가?" 『본질과 현상』 통권8호 (2007 여름), pp. 133-56.

(238) "무엇이 교회를 위한 신학인가?" 『교회와 신학』 제70호 (2007 가을), pp. 70-86.

(239) "목적지향적 교육을 위한 로드맵 - 인문과학을 중심으로 -." 『가르침과 배움에 관한 성찰(교수・학습에 관한 연구보고서 제3호)』 (서울: 장신대 교수학습개발원, 2007), pp. 157-89.

(240) "태초에 언어가 있었다." 『본질과 현상』 통권9호 (2007 가을), pp. 89-109.

(241) "예술과 창조적 모방." 『본질과 현상』 통권10호 (2007 겨울), pp. 111-36.

(242) "이명박 정부의 교육정책, 성공할 것인가?" 『본질과 현상』 통권11호 (2008 봄), pp. 144-71.

(243) "종교론." 『본질과 현상』 통권12호 (2008 여름), pp. 161-88.

(244) "神土不二 신학의 방법론은 신학적인가?" 『본질과 현상』 통권

13호 (2008 가을), pp. 220-50.

(245) "그리스도와 이데올로기 극복." 이종윤 엮음. 『21세기 교회와 전도의 새 패러다임』. 서울: 필그림, 2008.

(246) "한국 기독교사, 어떻게 읽을 것인가?" 『본질과 현상』 통권15호 (2009 봄), pp. 177-203.

(247) "신토불이 신학 논고." 『문화와 신학』 제5집 (2009. 10), pp. 11-102, pp. 103-110(영문초록).

(248) Soong-Hong Han. "Kyung-Chik Han's Spirituality and His Influence on the Korean Protestant Church." Kyung-Chik Han Collection 9: Pp. 106-141. Seoul: Kyung-Chik Han Foundation, 2010.

(249) "종교란 무엇인가?"(1). 『크리스챤신문』, 2015. 10. 10, p. 3.

(250) "종교란 무엇인가?"(2). 『크리스챤신문』, 2015. 10. 17, p. 3.

(251) "종교란 무엇인가?"(끝). 『크리스챤신문』, 2015. 10. 31, p. 3.

(252) "종교비판적 차원에서의 종교정의"(1). 『크리스챤신문』, 2015. 11. 7, p. 9.

(253) "종교비판적 차원에서의 종교정의"(2). 『크리스챤신문』, 2015. 11. 21, p. 9.

(254) "종교비판적 차원에서의 종교정의"(끝). 『크리스챤신문』, 2015. 11. 28, p. 9.

(255) "주지주의 차원에서의 종교정의." 『크리스챤신문』, 2015. 12. 12, p. 9.

(256) "정서주의 차원에서의 종교정의"(1). 『크리스챤신문』, 2015. 12. 19, p. 9.

(257) "정서주의 차원에서의 종교정의"(끝). 『크리스챤신문』, 2015. 12. 26, p. 9.

(258) "주의주의적 차원에서의 종교정의." 『크리스챤신문』, 2016. 1. 9, p. 9.

(259) "사회가치 지향적 차원에서의 종교정의." 『크리스챤신문』, 2016. 1. 16, p. 9.

(260) "문화과학적 차원에서의 종교정의." 『크리스챤신문』, 2016. 1. 23, p. 9.

(261) "종교이해의 다양성과 모호성." 『크리스챤신문』, 2016. 2. 6, p. 9.

(262) "종교학의 역사적 서술." 『크리스챤신문』, 2016. 2. 20, p. 9.

(263) "자연신화론 학파." 『크리스챤신문』, 2016. 2. 27, p. 9.

(264) "타일러와 스펜서의 종교 이론." 『크리스챤신문』, 2016. 3. 5, p. 9.

(265) "만유영성론과 주술 선행설." 『크리스챤신문』, 2016. 3. 19, p. 9.

(266) "정령숭배 이전의 자연숭배 이론." 『크리스챤신문』, 2016. 3. 26, p. 9.

(267) "사회주의적 공산주의 종교론." 『크리스챤신문』, 2016. 4. 9, p. 9.

(268) "문화사적 방법." 『크리스챤신문』, 2016. 4. 16, p. 9.

(269) "종교의 개념사적 서술." 『크리스챤신문』, 2016. 4. 30, p. 9.

(270) "종교의 방법론적 이해의 맺는말." 『크리스챤신문』, 2016. 5. 7, p. 9.

(271) "종교 언어와 인간의 종교성." 『크리스챤신문』, 2016. 5. 21, p. 9.

(272) "종교와 현상학." 『크리스챤신문』, 2016. 5. 28, p. 9.

(273) "성의 본질." 『크리스챤신문』, 2016. 6. 11. p. 9.

(274) "성(聖)의 존재 양태"(www.cwmonitor.com). 『크리스챤신문』, 2016.

6. 18, p. 9.

(275) "종교현상과 성형의 범주들"(1). 『크리스챤신문』, 2016. 7. 9, p. 9.

(276) "종교현상과 성형의 범주들"(2). 『크리스챤신문』, 2016. 7. 16, p. 9.

(277) "종교현상과 성형의 범주들"(3). 『크리스챤신문』, 2016. 7. 30, p. 9.

(278) "생물학적 성현." 『크리스챤신문』, 2016. 8. 13, p. 9.

(279) "공간적 성현"(1). 『크리스챤신문』, 2016. 9. 3, p. 9.

(280) "공간적 성현"(2). 『크리스챤신문』, 2016. 9. 10, p. 9.

(281) "시간적 성현." 『크리스챤신문』, 2016. 9. 24, p. 6.

(282) "존재론적 성현." 『크리스챤신문』, 2016. 10. 08, p. 9.

(283) "문화적 성현." 『크리스챤신문』, 2016. 10. 15, p. 9.

(284) "18세기 도덕론에 대한 개괄적 서술"(1). 『크리스챤신문』, 2017. 9. 9, p. 9.

(285) "18세기 도덕론에 대한 개괄적 서술"(2). 『크리스챤신문』, 2017. 9. 23, p. 9.

(286) "기독교 인간론." 『크리스챤신문』, 2017. 10. 14, p. 9.

(287) "신본주의 신학." The Christian World Monitor (www.cwmonitor.com), 2017. 11. 27.

(288) "미로슬라브 볼프, 그의 신학은 무엇인가?" 『크리스챤신문』, 2018. 6. 23, p. 3.

(289) "미래의 신학." 『크리스챤신문』, 2018. 7. 14, p. 7.

(290) "시의 미학적 지평 – 구상과 추상." Christian World Review (www.christianwr.com), 2019. 7. 23.

5 서평 / 논평

Review Articles and Comments on My Books

(1) "교회교육의 지침서"(오인탁 외 공저. 『기독교 교육론』에 대한 서평). 『기독교사상』 제315호 (1984. 9), pp. 194-201.

(2) "목회와 지역사회"(클라인벨, H. J. / 오성춘 역. 『목회와 지역사회』에 대한 서평). 『장신논단』 창간호 (1985. 12), pp. 487-501.

(3) "복음수용중심의 한국 기독교사 연구. 선교사 의존했던 기존의 논의 비판"(이만열 저. 『한국기독교와 민족의식』에 대한 서평). 『출판저널』 제95호 (1991. 11), p. 9.

(4) "철저히 변두리로 가신 예수 그리스도"(문전섭 편저. 『철저히 변두리로 가신 예수 그리스도』에 대한 서평). 『내가 사랑하는 책』 제18호 (1995. 4), pp. 38-39.

(5) "한국 무속과 윤회, 그리고 뉴 에이지 운동"(권오덕 교수의 논문에 대한 논평). 『한국개혁신학』 제2권 (1997. 10), pp. 192-95.

(6) "슐라이어마허의 「종교론」"(슐라이어마허 / 최신한 역. 『종교

론』에 대한 서평). 『목회와 신학』 제102호 (1997. 12), p. 270.

(7) 『맞아 죽을 각오를 하고 쓴 한국, 한국인 비판』 (서울: 중앙 M&B, 1999)(이케하라 마모루의 저서에 대한 서평). 『교회와 신학』 제37호 (1999 여름), pp. 206-8.

(8) "현대 구미 신학의 특징과 21세기 신학"(목창균 교수의 논문에 대한 논평). 『기독교학술원 포럼』 제3호 (2001.6), pp. 129-30.

(9) "안식일에 대한 신학적 해석의 한 시도"(오만규 저. 『안식일과 십자가』에 대한 서평). 하홍팔 편. 『늘오름 오만규 교수 회갑기념논문집』. 서울: 삼육대학교 출판부, 2001. Pp. 257-60.

(10) "21세기 신학의 학문성: 역사적 고찰"(송인규 교수의 논문에 대한 논찬). 최윤배 편. 『21세기 신학의 학문성』. 서울: 장신대 출판부, 2003. Pp. 91-98.

(11) "Erikson의 생애주기론이 실천신학에 응용될 수 있는 한 가능성 연구"(오규훈 교수의 논문에 대한 논평). 『제3회 소망신학포럼 자료집』 (장로회신학대학교 대학원, 2005. 11 16), pp. 1-3.

(12) "불안의 개념: 죄렌 키에르케고르(1813-1855)를 기념하여" (Gunther Wenz 교수의 논문에 대한 논평), 2006. 5. 23.

(13) 『한경직 - 예수를 닮은 인간, 그리스도를 보여준 교부』 (북 리뷰). 『만남』 통권403호 (2007. 8), pp. 44-45.

6 서문 / 편집후기
Prefaces / Post-Editings

(1) "Hohoff, Curt / 한숭홍 역. 『기독교 문학이란 무엇인가?』에 대한 역자 서문." 서울: 두란노서원, 1986. Pp. 5-10.

(2) "Dawe, Donald G., and John B. Carman / 한숭홍 역. 『종교다원주의와 기독교 신앙』에 대한 역자 후기." 서울: 나눔사, 1993. Pp. 213-14.

(3) "Macquarrie, John / 한숭홍 역. 『20세기 종교사상』에 대한 역자 후기." 서울: 나눔사, 1989. Pp. 515-18.

(4) "Graham, Gordon / 한숭홍 역. 『사회철학이란 무엇인가?』에 대한 역자 서문." 서울: 성지출판사, 1990. Pp. 7-8.

(5) "장신대 동양사상연구회 편. 『중국교회』에 대한 격려사." 서울: 성지출판사, 1995. Pp. 4-5.

(6) "마침표 앞에 써본 낙서"(편집후기). 『교회와 신학』 제63호 (2005 겨울), p. 188.

(7) "편집후기"(편집후기). 『교회와 신학』 제64흐 (2006 봄), p. 180.

(8) "一片落穗"(편집후기). 『교회와 신학』 제65호 (2006 여름), p. 196.

(9) "디지털과 영성"(편집후기). 『교회와 신학』 제66호 (2006 가을), p. 204.

(10) "글을 엮고 나서"(편집후기). 『교회와 신학』 제67호 (2006 겨울), p. 196.

(11) "말씀과 기도"(권두언). 『2007 말씀과 기도』. 서울: 장신대 출판부, 2006. P. 4.

(12) "2007 평양, 그 이름이여!"(편집후기). 『교회와 신학』 제68호 (2007 봄), p. 212.

(13) "교회를 떠난 사람들"(편집후기). 『교회와 신학』 제69호 (2007 여름), p. 204.

(14) "교회를 위한 신학"(편집후기). 『교회와 신학』 제70호 (2007 가을), p. 196.

(15) "유양업. 『바람 따라 구름 따라 별빛 따라』에 대한 추천사." 서울: 서영 출판사, 2016. Pp. 8-9.

(16) "유양업. 『행복한 여정』에 대한 추천사." 서울: 서영 출판사, 2020. P. 10.

7 논단 / 논설 / 시론
Academic Articles / Editorials / Current Affairs

(1) "독일교회의 위기와 고민." 『활천』 통권348호 (1970. 4), pp. 40-42, 55.

(2) "오늘의 독일교회." 『새빛』 제2호 (1981. 6), p. 7.

(3) "나의 신학수업 1: 연세 대학교에서." 『크리스챤신문』, 1982. 3. 27, p. 2.

(4) "나의 신학수업 2: 연합신학대학원에서." 『크리스챤신문』, 1982. 4. 3, p. 2.

(5) "나의 신학수업 3: 뮌헨 대학교에서." 『크리스챤신문』, 1982. 4. 10, p. 2.

(6) "나의 신학수업 4: 튀빙겐 대학교에서." 『크리스챤신문』, 1982. 4. 17, p. 2.

(7) "나의 신학수업 5: 아헨 대학교에서." 『크리스챤신문』, 1982. 4. 24, p. 2.

(8) "창조와 진화." 『신학춘추』, 1982. 12. 20, p. 2.

(9) "교회교육과 가정교육." 『교육교회』 통권92호 (1983. 5), p. 239.

(10) "성과 속." 『새빛』 제3권 제11호 (1983. 10), pp. 4-5.

(11) "유물론 일고." 『한국기독공보』, 1984. 2. 11, p. 5.

(12) "한국에 기독교 신학 신대륙의 청사진을.' 『한국기독공보』, 1984. 4. 28, p. 6.

(13) "번역의 의미와 자세: 한국의 번역문화를 생각하며." 『경건과 학문』 제2호 (1984 여름), pp. 4-5.

(14) "인간의 본질." 『신학춘추』, 1984. 10. 8, p. 2.

(15) "철학 있는 정치, 종교 되어야"(교회와 정치 특집). 『신학춘추』, 1985. 9. 9, p. 2.

(16) "한국인의 맥을 찾아서"(우리 여기서 한국을 생각한다 4). 『경원대신문』, 1985. 10. 4, p. 3.

(17) "세계평화와 교회평화." 『평신도회보』, 1986. 2. 5, p. 2.

(18) "현대와 평화문제"(특집: 평화의 의미). 『한국기독공보』, 1986.

2. 8, p. 3.

(19) "이념신학은 신학일 수 없어." 『장로회보』, 1987. 1. 5, p. 4.

(20) "평신도신학의 정립을 위하여: 신학적 측면에서." 『평신도회보』, 1987. 2. 5, p. 4.

(21) "신학을 시작하는 장신인에게." 『신학춘추』, 1987. 3. 23, p. 6.

(22) "한국인의 맥을 찾아서." 『신학춘추』, 1987. 4. 27, p. 2.

(23) "여름 성경학교에 대한 제언." 『기독교교육』 통권234호 (1987. 7·8), pp. 15-20.

(24) "성탄절의 현대적 의의." 『평신도회보』, 1987. 12. 5, p. 2.

(25) "홀로 걷는 인생." 『기독교 여성』 제8호 (1988. 11), pp. 29-32.

(26) "무엇을 그리고 어떻게." 『장신소식』 제6호 (1989), pp. 7-8.

(27) "청소년들의 여름선용." 『평신도회보』, 1989. 7. 5, p. 2.

(28) "한국인과 자유." 『한국기독공보』, 1989. 8. 19, p. 3.

(29) "성탄절 유감." 『평신도회보』, 1990. 12. 5, p. 2.

(30) "들을 귀 있는 자들이 그리워진다." 『교육교회』 통권182호 (1991.7), pp. 82-85.

(31) "초기 선교사들의 신학과 사상." 『한국기독교역사연구소 소식』 제5호 (1991. 8. 10), pp. 3-5.

(32) "14대 총선, 그 대책과 우리의 자세." 『장신원보』, 1992. 3. 9, p. 5.

(33) "교회가 성도들에게 모범을 보여야." 『들소리신문』, 1993. 4. 2, p. 2.

(34) "요즘 세상 이야기." 『장신원보』, 1993. 4. 13, p. 5.

(35) "'양주삼의 생애와 신학사상'을 마치고." 『목회와 신학』 제53호 (1993. 11), p. 229.

(36) "인간에 주어진 두 가지 삶: 인본주의와 신본주의." 『신학춘추』, 1994. 6. 11, p. 3.

(37) "국민의 눈은 정부의 준엄한 평가척도." 『신학춘추』, 1994. 9. 27, p. 2.

(38) "한국의 세계화는 의식의 탈바꿈이 있어야한다"(신학자가 본 세

상). 『열린 마음』. 서울: 문화공동체 하나, 1995. Pp. 62-66.

(39) "어린 왕자는…"(장신대 노래 모임 노랫골 제9회 정기 공연에 붙이는 글). 『너 꿈이 뭐니? -잃어버린 꿈을 찾아서-』, 1995. 5. 30, p. 3.

(40) "한국교회의 '순례자' 한경직 목사." 『한국기독공보』, 2001. 4. 14, p. 5.

(41) "삶은 믿음인가, 이해인가?"(나를 변화시킨 한 권의 책). 『신학춘추』, 2002. 6. 10, p. 6.

(42) "개혁신앙이 근대화 일궜다." 『한국장로신문』, 2003. 10. 25, p. 3.

(43) "영락교회 창립 60주년을 축하하며." 『만남』 통권372호 (2005. 1), pp. 4-7.

(44) "말하기와 글쓰기"(논단). Newsletter(장신대 교수학습개발원) 제2권 6호 (2005. 6), p. 1.

(45) "주님! 나는 오늘 주님이 흙을 가지사 당신의 형상대로 …"(2006. 3. 6. 말씀과 기도). 『2006 말씀과 기도』. 서울: 장신대 출판부, 2005. Pp. 43-44.

(46) "신토불이 신학(神土不二神學)"(제 488주년 종교개혁기념 학술강

좌 원고의 요약). 『교회와 신학』 제63호 (2005 겨울), pp. 142-46.

(47) "슐라이어마허의 『신앙론』에 대한 분석적 이해"(요약). 『장신논단 요약집 1』. 서울: 장신대 출판부, 2006. Pp. 397-400.

(48) "막스 호르크하이머와 그의 철학"(요약). 『장신논단 요약집 1』. 서울: 장신대 출판부, 2006. Pp. 401-4.

(49) "사회와 사상"(요약). 『장신논단 요약집 1』. 서울: 장신대 출판부, 2006. Pp. 405-8.

(50) "인간이란 무엇인가?"(요약). 『장신논단 요약집 1』. 서울: 장신대 출판부, 2006. Pp. 409-12.

(51) "철학적 신학의 기초이론에 관한 연구"(요약). 『장신논단 요약집 1』. 서울: 장신대 출판부, 2006. Pp. 413-16.

(52) "19세기 논리학 개혁운동에 대한 연구"(요약). 『장신논단 요약집 1』. 서울: 장신대 출판부, 2006. Pp. 417-19.

(53) "파울 틸리히의 역사철학 서설"(요약). 『장신논단 요약집 1』. 서울: 장신대 출판부, 2006. Pp. 420-23.

(54) "주님! 많은 사람이 살기 어렵다고 한숨을 짓습니다"(2007. 3. 26.

말씀과 기도). 『2007 말씀과 기도』. 서울: 장신대 출판부, 2006. P. 70.

(55) "神學一念"(논단). Newsletter (장신대 교수학습개발원) 제4권 1호 (2007. 3); p. 2.

(56) "계보별로 본 한국신학사"(요약). 『장신논단 요약집 2』. 서울: 장신대 출판부, 2007. Pp. 521-24.

(57) "라부스의 철학과 자연과학의 사원구성적 체계이론"(요약). 『장신논단 요약집 2』. 서울: 장신대 출판부, 2007. Pp. 525-28.

(58) "교회성장과 교회교육"(요약). 『장신논단 요약집 2』. 서울: 장신대 출판부, 2007. Pp. 529-33.

(59) "21세기 한국신학의 과제와 전망"(요약). 『장신논단 요약집 2』. 서울: 장신대 출판부, 2007. Pp. 534-37.

(60) "문화변동에 따른 신학의 변화전망"(요약). 『장신논단 요약집 2』. 서울: 장신대 출판부, 2007. Pp. 538-41.

(61) "21세기의 가상교회"(요약). 『장신논단 요약집 2』. 서울: 장신대 출판부, 2007. Pp. 542-46.

(62) "한국기독교의 어제: 그 역할과 의미"(요약). 『장신논단 요약집

2』. 서울: 장신대 출판부, 2007. Pp. 547-50.

(63) "한국신학, 무엇이 문제인가?"(요약). 『장신논단 요약집 2』. 서울: 장신대 출판부, 2007. Pp. 551-54.

(64) "한경직 목사의 영성과 한국교회에 미친 영향"(요약). 『장신논단 요약집 2』. 서울: 장신대 출판부, 2007. Pp. 555-57.

(65) "그리스도와 이데올로기 극복"(요약). 『장신논단 요약집 2』. 서울: 장신대 출판부, 2007. Pp. 558-60.

(66) "목적지향적 교육을 위한 로드맵: 인문과학을 중심으로"(교수학습개발원 제3회 교수·학습법 연구논문 소개). 『가르침과 배움』 제4권 3호(2007. 11). P. 5.

(67) "세상 사람들이 나를 조롱하여도"(2008. 9. 4. 말씀과 기도). 『2008 말씀과 기도』. 서울: 장신대 출판부, 2007. Pp. 172-73.

(68) "한경직 신학에 대한 비판을 다시 묻는다." 『빛과 소금』 통권317호 (2008. 4), pp. 20-21.

(69) "하나님은 '민족의 신들 중에 어느 한 신'이나 …"(2009. 10. 1. 말씀과 기도). 『2009 말씀과 기도』. 서울: 장신대 출판부, 2008. P. 205.

(70) "한경직, 그 의미는 무엇인가?" 『만남』 통권435호 (2010. 4), pp. 5-7.

(71) "누가 한국의 마르틴 루터가 될 것인가?" 『크리스챤신문』, 2015. 3. 14, p. 1.

(72) "부활절 단상." 『크리스챤신문』, 2015. 4. 4, p. 1.

(73) "한국기독교 130년, 그리고 내일의 모습." 『크리스챤신문』, 2015. 4. 18, p. 1.

(74) "천체신학, 무엇이 문제인가?" 『크리스챤신문』, 2015. 6. 6, p. 1.

(75) "다민족주의가 한국의 이상인가?" 『크리스챤신문』, 2015. 8. 8, p. 1.

(76) "쇠귀에 경 읽기, 그래도 독경은 필요." 『크리스챤신문』, 2015. 9. 19, p. 1.

(77) "가룟 유다의 후예들." 『크리스챤신문』, 2015. 11. 7, p. 1.

(78) "기독교 TV방송, 존재의 목적은 무엇인가?" 『크리스챤신문』, 2016. 2. 20, p. 1.

(79) "앵그리 아메리칸 돌풍과 어글리 코리언 추태." 『크리스챤신문』, 2016. 4. 16, p. 1.

(80) "교사 위에 학생, 이게 교육인가?" 『크리스챤신문』, 2016. 5. 21, p. 1.

(81) "갑·을의 변증법 사회와 한국교회의 실상." 『크리스챤신문』, 2016. 7. 9, p. 3.

(82) "너는 나 외에는 다른 신들을 네게 두지 말라." 『크리스챤신문』, 2016. 7. 30, p. 1.

(83) "초기 선교사들의 개혁사상이 한국 근대화에 끼친 영향." 『크리스챤신문』, 2017. 2. 18, pp. 1-2.

(84) "한국신학의 문제는 무엇인가?" The Christian World Monitor (www.cwmonitor.com), 2017. 02. 22.

(85) "뮌헨 견문록 1." 『크리스챤신문』, 2017. 10. 28, p. 9.

(86) "뮌헨 견문록 2." 『크리스챤신문』, 2017. 11. 11, p. 9.

(87) "독일교회의 위기와 고민." 『크리스챤신문』, 2017. 11. 25, p. 9.

(88) "건강한 사회." 『크리스챤』, 2018. 1. 27, p. 9.

(89) "목사여, 미래를 창조하라!" 『크리스챤』, 2018. 4. 7, p. 1.

8 문예

Literary Works & Poems

(1) "哀歌"(창작 시). 『연세춘추』, 1962. 10. 15, p. 4.

(2) Soong-Hong Han. "A Song of Lamentation"(창작 영시). The Yonsei Annals, 21 January 1963, p. 4.

(3) 내 사랑하는 사람에게"(창작 시). 『연세춘추』, 1963. 6. 3, p. 4.

(4) "바닷가에서"(창작 시). 『연세춘추』, 1963. 9. 9, p. 4.

(5) Soong-Hong Han. "Autumn's Emotion"(창작 영시). The Yonsei Annals, 7 October 1963, p. 4.

(6) Soong-Hong Han. *Before I Go*(미간행 창작 영어 단편소설). 1964.N8-2)

(7) "깃발(상)"(창작 단편소설). 『참빛』 제2권 제6호 (1966. 1), pp. 25-29.

(8) "깃발(중)"(창작 단편소설). 『참빛』 제2권 제7호 (1966. 2), pp.

26-29.

(9) "깃발(하)"(창작 단편소설). 『참빛』 제2권 제8호 (1966. 3), pp. 26-29.

(10) "나의 가을에." 『크리스챤신문』, 2016. 12. 24, p. 5.

(11) "마지막 선물." 『크리스챤신문』, 2017. 1. 28, p. 5.

(12) "바람의 미학"(시 산책). 『크리스챤신문』, 2017. 3. 25, p. 5.

(13) "철학적 신학 소묘"(시 산책). 『크리스챤신문』, 2017. 4. 15, p. 5.

(14) "동백"(경초 칼럼). 『크리스챤신문』, 2017. 5. 20, p. 5.

(15) "꽃길 사이로." The Christian World Monitor (www.cwmonitor.com), 2017. 06. 15.

(16) "시간의 속삭임"(시 산책). 『크리스챤신문』, 2017. 7. 8, p. 5.

(17) "당신의 향기"(시 산책). 『크리스챤신문』, 2017. 7. 22, p. 5.

(18) "지옥의 계절"(시 산책). 『크리스챤신문』, 2017. 8. 12, p. 5.

(19) "소나기." The Christian World Monitor (www.cwmonitor.com),

2017. 08. 24.

(20) "바람의 사계"(시 산책). 『크리스챤신문』, 2017. 8. 26, p. 5.

(21) "가을 같은 어머니"(시 산책). 『크리스챤신문』, 2017. 10. 28, p. 5.

(22) "가을 애가"(시 산책). 『크리스챤신문』, 2017. 11. 11, p. 5.

(23) "낙엽." The Christian World Monitor (www.cwmonitor.com), 2017. 11. 17.

(24) "나무에게 배우다"(등단 작품). 『스토리문학』 통권100호 (2017 가을/겨울 합본), pp. 274-75.

(25) "시원의 시간"(등단 작품). 『스토리문학』 통권100호 (2017 가을/겨울 합본), pp. 276-77.

(26) "조약돌을 보며"(등단 작품). 『스토리문학』 통권100호 (2017 가을/겨울 합본), p. 278.

(27) "첫눈." The Christian World Monitor (www.cwmonitor.com), 2017. 11. 27.

(28) "애수의 노래." The Christian World Monitor (www.cwmonitor.com), 2017. 12. 6.

(29) "장미꽃 고이 안고." The Christian World Monitor (www.cwmonitor.com), 2017. 12. 8.

(30) "친구들은 추억으로 마음을 채운다"(시 산책). 『크리스챤신문』, 2017. 12. 9, p. 5.

(31) "사랑이여, 안녕!" The Christian World Monitor (www.cwmonitor.com) 2017. 12. 15.

(32) "잃어버린 크리스마스." The Christian World Monitor (www.cwmonitor.com), 2017. 12. 20.

(33) "문방사우." The Christian World Monitor (www.cwmonitor.com), 2017. 12. 20.

(34) "인생이 짧다고 말하지 말라." The Christian World Monitor (www.cwmonitor.com), 2017. 12. 20.

(35) "오소서 임마누엘"(시 산책). 『크리스챤신문』, 2017. 12. 23, p. 5.

(36) "마음의 문"(시 산책). 『크리스챤』, 2018. 1. 13, p. 5.

(37) "광야의 동굴에서"(시 산책). 『크리스챤』, 2018. 1. 27, p. 5.

(38) "추모공원의 겨울." The Christian World Monitor

(www.cwmonitor. com), 2018. 01. 31.

(39) "위선자의 초상화"(시 산책). 『크리스챤』, 2018. 2. 10, p. 5.

(40) "이것은 무엇인가요." Christian World Review (www.christianwr.com), 2018. 2. 21.

(41) "'Me Too' 사회"(시 산책). 『크리스챤』, 2018. 2. 24, p. 1.

(42) "휴양림에서"(시 산책). 『크리스챤』, 2018. 2. 24, p. 5.

(43) "바람이 불어온다." Christian World Review (www.christianwr.com), 2018. 3. 8.

(44) "홍매화." Christian World Review (www.christianwr.com), 2018. 3. 8.

(45) "3월." Christian World Review (www.christianwr.com), 2018. 3. 8.

(46) "봄이 오면." Christian World Review (www.christianwr.com), 2018. 3. 8.

(47) "그대는 무엇을 가지고 저승길 가려나"(시 산책). 『크리스챤』, 2018. 3. 10, p. 5.

(48) "튀빙겐에서의 첫사랑." Christian World Review

(www.christianwr.com), 2018. 3. 26.

(49) "첫 데이트." Christian World Review (www.christianwr.com), 2018. 3. 26.

(50) "꽃과 낙엽." Christian World Review (www.christianwr.com), 2018. 3. 26.

(51) "만남." Christian World Review (www.christianwr.com), 2018. 3. 26.

(52) "소리와 바람과 사랑." Christian World Review (www.christianwr.com), 2018. 4. 4.

(53) "애절한 아픔이 숨어있는 자연." Christian World Review (www.christianwr.com), 2018. 4. 4.

(54) "추억만 남기고 떠난 그대여!" Christian World Review (www. christianwr.com), 2018. 4. 4.

(55) "꿀 많은 꽃." Christian World Review (www.christianwr.com), 2018. 4. 4.

(56) "미로의 나그네." Christian World Review (www.christianwr.com), 2018. 4. 4.

(57) "아, 슬픔의 눈물이여!"(시 산책). 『크리스찬』, 2018. 4. 7, p. 5

(58) "임은 오지 않고." Christian World Review (www.christianwr.com), 2018. 4. 16.

(59) "바닷가 거닐며." Christian World Review (www.christianwr.com), 2018. 4. 16.

(60) "꽃." Christian World Review (www.christianwr.com), 2018. 4. 16.

(61) "아담과 이브." Christian World Review (www.christianwr.com), 2018. 4. 16.

(62) "4월의 그 날." Christian World Review (www.christianwr.com), 2018. 4. 16.

(63) "꽃잎에 얹혀있는 작은 물방울." Christian World Review (www.christianwr.com), 2018. 4. 19.

(64) "구름 속 초상화." Christian World Review (www.christianwr.com), 2018. 04. 19.

(65) "나는 어디로 가야 하나요." Christian World Review (www.christianwr.com), 2018. 4. 19.

(66) "그대의 향기를 마시며"(시 산책). 『크리스찬』, 2018. 4. 21, p. 5.

(67) "꿈길에서." Christian World Review (www.christianwr.com), 2018. 4. 23.

(68) "시간과 영원의 교감." Christian World Review (www.christianwr.com), 2018. 4. 23.

(69) "고독." Christian World Review (www.christianwr.com), 2018. 4. 23.

(70) "장미꽃, 그대여!" Christian World Review (www.christianwr.com), 2018. 4. 23.

(71) "어머니." Christian World Review (www.christianwr.com), 2018. 4. 27.

(72) "몽 셰리." Christian World Review (www.christianwr.com), 2018. 4. 27.

(73) "젖어가는 잎새 사이에서." Christian World Review (www.christianwr.com), 2018. 4. 27.

(74) "나와 너, 그리고 사랑." Christian World Review (www.christianwr.com), 2018. 4. 27

(75) "마렌의 다락방에서." Christian World Review (www.christianwr.com), 2018. 4. 27.

(76) "그리고 아무 말이 없었다." Christian World Review (www. christianwr.com), 2018. 4. 27.

(77) "아아, 내 운명의 어머니!"(시 산책). 『크리스챤』, 2018. 5. 19, p. 5.

(78) "시 쓰기의 탈형식주의 – 시성(詩性)의 자유"(시 산책). 『크리스챤』, 2018. 6. 2, p. 5.

(79) "브룬펠시아." Christian World Review (www.christianwr.com), 2018. 6. 8.

(80) "백합." Christian World Review (www.christianwr.com), 2018. 6. 8.

(81) "저 꽃, 외로운 마음에." Christian World Review (www.christianwr.com), 2018. 6. 8.

(82) "추억으로 찾아와 내 품에"(시 산책). 『크리스챤』, 2018. 6. 9, p. 5.

(83) "비련의 노래." Christian World Review (www.christianwr.com), 2018. 6. 11.

(84) "그리움을 바람에 실어." Christian World Review (www.christianwr. com), 2018. 6. 11.

(85) "폭풍우 몰아치던 밤." Christian World Review (www.christianwr. com), 2018. 6. 11.

(86) "악맹의 노래." Christian World Review (www.christianwr.com), 2018. 6. 11.

(87) "환우에게 부치는 편지." Christian World Review (www.christianwr. com), 2018. 6. 11.

(88) "눈을 감는 순간까지도"(시 산책). 『크리스챤』, 2018. 6. 23, p. 5.

(89) "잠." Christian World Review (www.christianwr.com), 2018. 6. 27.

(90) "마지막 장미 한 송이." Christian World Review (www.christianwr.com), 2018. 6. 27.

(91) "시집간 딸 생각에." Christian World Review (www.christianwr.com), 2018. 6. 27.

(92) "정." Christian World Review (www.christianwr.com), 2018. 7. 6.

(93) "커피." Christian World Review (www.christianwr.com), 2018.

7. 6.

(94) "아스피린." Christian World Review (www.christianwr.com), 2018. 7. 6.

(95) "몽당연필"(시 산책). 『크리스챤』, 2018. 7. 14, p. 5.

(96) "꿈속의 장미"(시 산책). 『크리스챤』, 2018. 7. 28, p. 5.

(97) "자유와 정의." Christian World Review (www.christianwr.com), 2018. 8. 7.

(98) "변화의 노예"(시 산책). 『크리스챤』, 2018. 8. 25, p. 5

(99) "학창시절 1"(시 산책). 『크리스챤』, 2018. 9. 8, p. 5.

(100) "학창시절 2"(시 산책). 『크리스챤』, 2018. 9. 22, p. 5.

(101) "말작난질"(시 산책). 『크리스챤』, 2018. 10. 13, p. 5.

(102) "침묵." Christian World Review (www.christianwr.com), 2018. 11. 20.

(103) "나의 기도"(시 산책). 『크리스챤』, 2018. 11. 24, p. 5.

(104) "목자"(시 산책). 『크리스챤』, 2018. 12. 8, p. 5.

(105) "영혼의 노래"(시 산책). 『크리스챤』, 2018. 12. 22, p. 5.

(106) "그런데 그게 무슨 문제란 말인가." Christian World Review (www.christianwr.com), 2018. 12. 24.

(107) "내 가슴에 애모의 페티시를 채워가며." Christian World Review (www.christianwr.com), 2018. 12. 24.

(108) "사랑의 묘약은 페티시라는 것." Christian World Review (www.christianwr.com), 2018. 12. 24.

(109) "물안개." Christian World Review (www.christianwr.com), 2018. 12. 24.

(110) "벌이 날갯짓하며 내 영혼을 깨운다"(시 산책). 『크리스챤』, 2019. 1. 26, p. 5

(111) "겨울 모정." Christian World Review (www.christianwr.com), 2019. 1. 28.

(112) "내가 늙어 추하게 되어도." Christian World Review (www.christianwr.com), 2019. 1. 28.

(113) "나에겐 시간이 많지 않지만." Christian World Review (www.christianwr.com), 2019. 1. 28.

(114) "말씀과 피." Christian World Review (www.christianwr.com), 2019. 2. 3.

(115) "무아경에 빠져든 찰나." Christian World Review (www.christianwr.com), 2019. 2. 3.

(116) "세월." Christian World Review (www.christianwr.com), 2019. 2. 3.

(117) "조용한 아침, 국화 향기 그리움이여!" Christian World Review (www.christianwr.com), 2019. 2. 3.

(118) "사람스레 삶." Christian World Review (www.christianwr.com), 2019. 2. 9.

(119) "인생의 미로에서." Christian World Review (www.christianwr.com), 2019. 2. 9.

(120) "성야의 침묵." Christian World Review (www.christianwr.com), 2019. 2. 9.

(121) "데카메론." Christian World Review (www.christianwr.com),

2019. 2. 9.

(122) "미래의 값." Christian World Review (www.christianwr.com), 2019. 2. 9.

(123) "이젠, 그런 날이 없을 테지." Christian World Review (www.christianwr.com), 2019. 2. 13.

(124) "과거와 미래." Christian World Review (www.christianwr.com), 2019. 02. 13.

(125) "여자, 그리고 그 여자." Christian World Review (www.christianwr.com), 2019. 2. 13.

(126) "석양녘 창가에서." Christian World Review (www.christianwr.com), 2019. 2. 13.

(127) "비어가는 둥지." Christian World Review (www.christianwr.com), 2019. 2. 13.

(128) "네 숨결이 흐느껴 나를 깨울 땐"(시 산책). 『크리스챤』, 2019. 2. 16, p. 5.

(129) "살비아." Christian World Review (www.christianwr.com), 2019. 2. 18.

(130) "숲과 동굴." Christian World Review (www.christianwr.com), 2019. 2. 18.

(131) "사망의 골짜기를 헤매는 유령!" Christian World Review (www.christianwr.com), 2019. 02. 18.

(132) "엽서를 꽃잎에 고이 적어." Christian World Review (www.christianwr.com), 2019. 2. 18.

(133) "우수의 계절은 신화 속에." Christian World Review (www.christianwr.com), 2019. 2. 18.

(134) "멈춰있는 시계." Christian World Review (www.christianwr.com), 2019. 2. 21.

(135) "애천." Christian World Review (www.christianwr.com), 2019. 2. 21.

(136) "그렇게 말하지 마라." Christian World Review (www.christianwr.com), 2019. 2. 21.

(137) "이 세상 끝난다 해도." Christian World Review (www.christianwr.com), 2019. 2. 21.

(138) "마음의 샘." Christian World Review (www.christianwr.com), 2019. 2. 21.

(139) "개미들의 행진." Christian World Review (www.christianwr.com), 2019. 2. 27.

(140) "벤치와 유모차." Christian World Review (www.christianwr.com), 2019. 2. 27.

(141) "오늘은 물고기가 보이지 않네." Christian World Review (www.christianwr.com), 2019. 2. 27.

(142) "무릉도원." Christian World Review (www.christianwr.com), 2019. 2. 27.

(143) "이름표." Christian World Review (www.christianwr.com), 2019. 2. 27.

(144) "저녁녘에 젖은 눈빛에선." Christian World Review (www.christianwr.com), 2019. 2. 27.

(145) "생체시간의 반란"(시 산책). 『크리스챤』, 2019. 3. 2, p. 5.

(146) "소식." Christian World Review (www.christianwr.com), 2019. 3. 8.

(147) "본향." Christian World Review (www.christianwr.com), 2019. 3. 8.

(148) "아름다운 이별." Christian World Review (www.christianwr.com), 2019. 3. 12.

(149) "감사." Christian World Review (www.christianwr.com), 2019. 3. 12.

(150) "기억 속 아련한 그리움." Christian World Review (www.christianwr.com), 2019. 3. 12.

(151) "내 몸에 그려진 나부(裸婦)의 소녀"(시 산책). 『크리스찬』, 2019. 3. 16, p. 5.

(152) "밀물과 썰물." Christian World Review (www.christianwr.com), 2019. 3. 22.

(153) "삶, 그 흐름 속에서." Christian World Review (www.christianwr.com), 2019. 3. 22.

(154) "부조리의 노예." Christian World Review (www.christianwr.com), 2019. 3. 22.

(155) "시간 이후의 시간." Christian World Review (www.christianwr.com), 2019. 3. 22.

(156) "황혼의 빛." Christian World Review (www.christianwr.com), 2019. 3. 31.

(157) "태고의 슬픔." Christian World Review (www.christianwr.com), 2019. 4. 9.

(158) "오늘의 기도." Christian World Review (www.christianwr.com), 2019. 4. 9.

(159) "내 영혼에 당신의 사랑을." Christian World Review (www.christianwr.com), 2019. 4. 9.

(160) "포도 넝쿨 아래서"(시 산책). 『크리스챤』, 2019. 4. 13, p. 11.

(161) "다 이루었다"(시 산책). 『크리스챤』, 2019. 4. 27, p. 5.

(162) "향취." Christian World Review (www.christianwr.com), 2019. 4. 30.

(163) "시 쓰기의 나체주의"(시 산책). 『크리스챤』, 2019. 5. 11, p. 5.

(164) "이팝나무." 『스토리문학관』 (www.storye.net), 2019. 5. 13.

(165) "언어." Christian World Review (www.christianwr.com), 2019. 05. 17.

(166) "시의 과정." 『스토리문학관』 (www.storye.net), 2019. 5. 17.

(167) "원의 차원." Christian World Review (www.christianwr.com), 2019. 5. 17.

(168) "독백." Christian World Review (www.christianwr.com), 2019. 5. 17.

(169) "개 타령." Christian World Review (www.christianwr.com), 2019. 5. 17.

(170) "숨." 『스토리문학관』 (www.storye.ne), 2019. 5. 18.

(171) "애모(哀慕)." 『스토리문학관』 (www.storye.net), 2019. 5. 21.

(172) "이러다 장발장이 될 것 같다." 『스토리문학관』 (www.storye.net), 2019. 5. 22.

(173) "마지막 정사." 『스토리문학관』 (www.storye.net), 2019. 5. 24.

(174) "시의 미학"(시 산책). 『크리스챤』, 2019. 5. 25, p. 5.

(175) "그리고 아무 말이 없었다." 『스토리문학관』 (www.storye.net), 2019. 5. 28.

(176) "시간의 한때." Christian World Review (www.christianwr.com), 2019. 5. 29.

(177) "장벽." 『스토리문학관』 (www.storye.net), 2019. 5. 29.

(178) "사랑에 관한 질문 세 가지." Christian World Review (www.christianwr.com), 2019. 5. 29.

(179) "사랑의 속삭임." Christian World Review (www.christianwr.com), 2019. 5. 29.

(180) "유리온실." Christian World Review (www.christianwr.com), 2019. 5. 29.

(181) "네 뿌리는 어디냐." Christian World Review www.christianwr.com), 2019. 6. 7.

(182) "믿음." Christian World Review (www.christianwr.com), 2019. 6. 7.

(183) "사유와 존재." Christian World Review (www.christianwr.com), 2019. 6. 7.

(184) "호수." 『스토리문학관』 (www.storye.net), 2019. 6. 13.

(185) "연서." Christian World Review (www.christianwr.com), 2019. 6. 22.

(186) "그녀의 손끝." 『스토리문학관』 (www.storye.net), 2019. 7. 1.

(187) "숨어버린 시간." Christian World Review (www.christianwr.com), 2019. 7. 5.

(188) "세월의 강은 말이 없다." Christian World Review (www.christianwr.com), 2019. 7. 9.

(189) "시." Christian World Review (www.christianwr.com), 2019. 7. 9.

(190) "샛별." Christian World Review (www.christianwr.com), 2019. 7. 17.

(191) "흐름의 소리." 『스토리문학관』 (www.storye.net), 2019. 7. 29.

(192) "모정의 밤." 『스토리문학관』 (www.storye.net.), 2019. 8. 7.

(193) "꼬리 잘린 공상"(시 산책). 『크리스챤』, 2019. 8. 10, p. 5.

(194) "엄마의 편지"(시 산책). 『크리스챤』, 2019. 8. 24, p. 5.

(195) "비"(시 산책). 『크리스챤』, 2019. 9. 7, p. 5.

(196) "고갯마루"(시 산책). 『크리스챤』, 2019. 9. 21, p. 5.

(197) "자연을 보며." 『스토리문학관』(www.storye.net), 2019. 10. 19.

(198) "망각은 외로움에 잠든다." 『스토리문학관』(www.storye.net), 2019. 10. 28.

(199) "못 부친 편지." 『스토리문학관』(www.storye.net), 2019. 10. 29.

(200) "은방울꽃." 『스토리문학관』(www.storye.net), 2019. 11. 12.

(201) "꽃잎이 지면." 『스토리문학관』(www.storye.net), 2019. 11. 16.

(202) "이젠 슬픔도 강물에 흘려보내요." 『스토리문학관』 \
(www.storye.net), 2019. 11. 18.

(203) "가을에 내리는 비." 『스토리문학관』(www.storye.net), 2019. 11. 28.

(204) "너와 나." 『스토리문학관』(www.storye.net), 2019. 12. 4.

(205) "각각의 손, 하나의 손." 『스토리문학관』(www.storye.net), 2019. 12. 7.

(206) "여로의 쪽배." 『스토리문학관』(www.storye.net), 2019. 12. 20.

(207) "문예의 파장." 『스토리문학관』 (www.storye.net), 2019. 12. 27.

(208) "색향에 취하여." 『스토리문학관』 (www.storye.net), 2019. 12, 31.

(209) "나의 오늘." 『스토리문학관』 (www.storye.net), 2020. 1. 1.

(210) "들꽃." 『스토리문학관』 (www.storye.net), 2020. 1. 3.

(211) "너." 『스토리문학관』 (www.storye.net), 2020. 1. 7.

(212) "수수께끼." 『스토리문학관』 (www.storye.net), 2020. 1. 9.

(213) "의식과 도구." 『스토리문학관』 (www.storye.net), 2020. 1. 14.

(214) "빛 – 현상의 유희." 『스토리문학관』 (www.storye.net), 2020. 1. 22.

(215) "석별의 호수에 빛이 잠기고." 『스토리문학관』 (swww.storye.net), 2020. 1. 29.

(216) "아, 빛의 은총이여!" 『스토리문학관』 (www.storye.net), 2020. 2. 1.

(217) "활동사진." 『스토리문학관』 (www.storye.net), 2020. 2. 2.

(218) "운명." 『스토리문학관』(www.storye.net), 2020. 2. 4.

(219) "마지막 가는 길." 『스토리문학관』(www.storye.net), 2020. 2. 7.

(220) "애수(哀愁)." 『스토리문학관』(www.storye.net), 2020. 2. 10.

(221) "소녀의 초상화." 『스토리문학관』(www.storye.net), 2020. 2. 12.

(222) "나." 『스토리문학관』(www.storye.net), 2020. 2. 15.

(223) "미의 찬미." 『스토리문학관』(www.storye.net), 2020. 2. 17.

(224) "슬픔의 계절." 『스토리문학관』(www.storye.net), 2020. 2. 25.

(225) "영화 감상." 『스토리문학관』(www.storye.net), 2020. 2. 26.

(226) "모순의 속멋." 『스토리문학관』(www.storye.net), 2020. 3. 3.

(227) "애석한 맘에 흐르는 눈물." 『스토리문학관』(www.storye.net), 2020. 3. 4.

(228) "그림자 1." 『스토리문학관』(www.storye.net), 2020. 3. 8.

(229) "로라의 하루." 『스토리문학관』(www.storye.net), 2020. 3. 13.

(230) "추억의 수채화." 『스토리문학관』 (www.storye.net), 2020. 3. 15.

(231) "가을이 다시 올 때까지." 『스토리문학관』 (www.storye.net), 2020. 3. 16.

(232) "돌아올 수 없는 강." 『스토리문학관』 (www.storye.net), 2020. 3. 17.

(233) "나를 위한 환상곡." 『스토리문학관』 (www.storye.net), 2020. 03. 18.

(234) "길." 『스토리문학관』 (www.storye.net), 2020. 3. 20.

(235) "아직, 아침은 오지 않았다." 『스토리문학관』 (www.storye.net), 2020. 3. 22.

(236) "그림자 2." 『스토리문학관』 (www.storye.net), 2020. 3. 24.

(237) "해빙기 - 눈 녹아내리는 노래." 『스토리문학관』 (www.storye.net), 2020. 3. 27.

(238) "위대한 결심." 『스토리문학관』 (www.storye.net), 2020. 3. 30.

(239) "삶 -허상의 실상." 『스토리문학관』 (www.storye.net), 2020. 4. 1.

(240) "쿠라질." 『스토리문학관』 (www.storye.net), 2020. 4. 2.

(241) "가슴과 가슴을 엮으며." 『스토리문학관』 (www.storye.net), 2020. 4. 9.

(242) "존재의 조건 －실체와 상징." 『스토리문학관』 (www.storye.net), 2020. 4. 10.

(243) "양치기의 무덤." 『스토리문학관』 (www.storye.net), 2020. 4. 12.

(244) "별종 인간." 『스토리문학관』 (www.storye.net), 2020. 4. 13.

(245) "미래의 갈림목." 『스토리문학관』 (www.storye.net), 2020. 4. 14.

(246) "찰나의 한 세상." 『스토리문학관』 (www.storye.net), 2020. 4. 15.

(247) "언제나 남는 건 고독뿐이었네." 『스토리문학관』 (www.storye.net), 2020. 4. 16.

(248) "망부석." 『스토리문학관』 (www.storye.net), 2020. 4. 17.

(249) "어머니 꽃젖 빨며." 『스토리문학관』 (www.storye.net), 2020. 4. 22.

(250) "심경." 『스토리문학관』 (www.storye.net), 2020. 4. 23.

(251) "비의 현상 – 성애와 성수." 『스토리문학관』 (www.storye.net), 2020. 4. 23.

(252) "무지개." 『스토리문학관』 (www.storye.net), 2020. 4. 24.

(253) "신기루와 무지개." 『스토리문학관』 (www.storye.net), 2020. 4. 25.

(254) "연각의 순간에." 『스토리문학관』 (www.storye.net), 2020. 4. 28.

(255) "전설." 『스토리문학관』 (www.storye.net), 2020. 5. 12.

(256) "생명." 『스토리문학관』 (www.storye.net), 2020. 5. 13.

(257) "빈 둥지 속의 새." 『스토리문학관』 (www.storye.net), 2020. 5. 15.

(258) "밤이슬." 『스토리문학관』 (www.storye.net), 2020. 5. 17.

(259) "길은 멀어도 고향은 가깝다네." 『스토리문학관』 (www.storye.net), 2020. 5. 18.

(260) "멈춰진 시간 속에서." 『스토리문학관』 (www.storye.net), 2020. 5. 19.

(261) "사계의 수레바퀴." 『스토리문학관』(www.storye.net), 2020. 5. 20.

(262) "空." 『스토리문학관』(www.storye.net), 2020. 5. 21.

(263) "감성." 『스토리문학관』(www.storye.net), 2020. 5. 22.

(264) "멋." 『스토리문학관』(www.storye.net), 2020. 5. 24.

(265) "인간." 『스토리문학관』(www.storye.net), 2020. 5. 25.

(266) "죄의 멍에." 『스토리문학관』(www.storye.net), 2020. 5. 27.

(267) "열쇠와 자물쇠." 『스토리문학관』(www.storye.net), 2020. 5. 28.

(268) "새." 『스토리문학관』(www.storye.net), 2020. 5. 29.

(269) "지향." 『스토리문학관』(www.storye.net), 2020. 5. 30.

(270) "믿음의 역설." 『스토리문학관』(www.storye.net), 2020. 6. 01.

(271) "애가哀歌 – 6·25에 부쳐." 『스토리문학관』(www.storye.net), 2020. 6. 3.

(272) "면사포를 살포시 벗고." 『스토리문학관』(www.storye.net), 2020. 6. 4.

(273) "겨레의 횃불되어." 『스토리문학관』(www.storye.net), 2020. 6. 8.

(274) "천사의 음성." 『스토리문학관』(www.storye.net), 2020. 6. 9.

(275) "나는 네 심장을 읽었다." 『스토리문학관』(www.storye.net), 2020. 6. 11.

(276) "노동." 『스토리문학관』(www.storye.net), 2020. 6. 12.

(277) "눈이여, 밝아져 빛을 발하라!" 『스토리문학관』(www.storye.net), 2020. 6. 14.

(278) "존재, 그 자체." 『스토리문학관』(www.storye.net), 2020. 6. 15.

(279) "환희의 눈물." 『스토리문학관』(www.storye.net), 2020. 6. 16.

(280) "이 희열에 취해 나는 옷을 벗는다." 『스토리문학관』(www.storye.net), 2020. 6. 17.

(281) "그해 여름은 여기서 보냈다." 『스토리문학관』

(www.storye.net), 2020. 6. 19.

(282) "외딴 솔섬에서 반짝이는 건 꿈이었다." 『스토리문학관』 (www.storye.net), 2020. 6. 20.

(283) "뱀." 『스토리문학관』 (www.storye.net), 2020. 6. 22.

(284) "흑진주." 『스토리문학관』 (www.storye.net), 2020. 6. 24.

(285) "수호의 횃불이여." 『스토리문학관』 (www.storye.net), 2020. 6. 26.

(286) "갈대숲은 내게 외친다." 『스토리문학관』 (www.storye.net), 2020. 7. 3.

(287) "더 높은 세계로." 『스토리문학관』 (www.storye.net), 2020. 7. 13.

(288) "한 송이 하얀 수선화." 『스토리문학관』 (www.storye.net), 2020. 7. 14.

(289) "봄은 이렇게 져가지만." 『스토리문학관』 (www.storye.net), 2020. 7. 16.

(290) "암흑의 밤은 쉬 지나가리라." 『스토리문학관』 (www.storye.net), 2020. 7. 20.

(291) "여행 엽서 1." 『스토리문학관』 (www.storye.net), 2020. 7. 21.

(292) "여행 엽서 2." 『스토리문학관』 (www.storye.net), 2020. 7. 23.

(293) "여행 엽서 3." 『스토리문학관』 (www.storye.net), 2020. 8. 1.

(294) "청포도." 『스토리문학관』 (www.storye.net), 2020. 8. 3.

(295) "이것 외에 무엇이 내게 의미 있으랴." 『스토리문학관』 (www.storye.net), 2020. 8. 4.

(296) "낙원의 빛 속으로." 『스토리문학관』 (www.storye.net), 2020. 8. 5.

(297) "물의 감성." 『스토리문학관』 (www.storye.net), 2020. 8. 6.

(298) "꿈과 현실." 『스토리문학관』 (www.storye.net), 2020. 8. 8.

(299) "꽃 빛 추억." 『스토리문학관』 (www.storye.net), 2020. 8. 9.

(300) "경계 선상 위에서." 『스토리문학관』 (www.storye.net), 2020. 8. 11.

(301) "나는 그대 심장에서 밤을 새웠네." 『스토리문학관』 (www.storye.net), 2020. 8. 13.

(302) "그림자의 침묵." 『스토리문학관』 (www.storye.net), 2020. 8. 15.

(303) "음악과 시 – 죽음 이후의 세계에서도." 『스토리문학관』 (www.storye.net), 2020. 8. 18.

(304) "고향." 『스토리문학관』 (www.storye.net), 2020. 8. 21.

(305) "참 빛을 찾아." 『스토리문학관』 (www.storye.net), 2020. 8. 24.

(306) "빛은 찬란하고 가슴속은 뜨거워도." 『스토리문학관』 (www.storye.net), 2020. 8. 25.

(307) "신이여, 이 기도만이라도 들어주소서." 『스토리문학관』 (www.storye.net), 2020. 8. 26.

(308) "그래도 그때가 좋았지." 『스토리문학관』 (www.storye.net), 2020. 8. 28.

(309) "그녀의 뺨과 가슴에서." 『스토리문학관』 (www.storye.net), 2020. 8. 31.

(310) "가을 앓이." 『스토리문학관』 (www.storye.net), 2020. 9. 1.

(311) "가을밤 적막에 묻혀가며." 『스토리문학관』 (www.storye.net), 2020. 9. 2.

(312) "낙엽 구르는 소리." 『스토리문학관』 (www.storye.net), 2020. 9. 3.

(313) "가을 색깔." 『스토리문학관』 (www.storye.net), 2020. 9. 4.

(314) "무상." 『스토리문학관』 (www.storye.net), 2020. 9. 6.

(315) "내 가슴을 더듬는 찬 손." 『스토리문학관』 (www.storye.net), 2020. 9. 9.

(316) "의식의 경계를 넘어." 『스토리문학관』 (www.storye.net), 2020. 9. 12.

(317) "빨간 일기장." 『스토리문학관』 (www.storye.net), 2020. 9. 13.

(318) "아, 이것이 그거였군." 『스토리문학관』 (www.storye.net), 2020. 9. 14.

(319) "얼굴." 『스토리문학관』 (www.storye.net), 2020. 9. 15.

(320) "나이." 『스토리문학관』 (www.storye.net), 2020. 9. 17.

(321) "밤마다 밀려오는 게 고독뿐이랴." 『스토리문학관』 (www.storye.net), 2020. 9. 20.

(322) "흰 백합화." 『스토리문학관』 (www.storye.net), 2020. 9. 21.

(323) "집시의 소녀." 『스토리문학관』 (www.storye.net), 2020. 9. 26.

(324) "후회." 『스토리문학관』 (www.storye.net), 2020. 9. 29.

(325) "천하 고얀 놈." 『스토리문학관』 (www.storye.net), 2020. 9. 30.

(326) "원귀의 곡성." 『스토리문학관』 (www.storye.net), 2020. 10. 3.

(327) "영원한 짧은 순간." 『스토리문학관』 (www.storye.net), 2020. 10. 10.

(328) "머리와 가슴." 『스토리문학관』 (www.storye.net), 2020. 10. 13.

(329) "만추." 『스토리문학관』 (www.storye.net), 2020. 10. 15.

(330) "여운." 『스토리문학관』 (www.storye.net), 2020. 10. 16.

(331) "애수의 눈빛." 『스토리문학관』 (www.storye.net), 2020. 10. 18.

(332) "이제 나는 너를 어디서 찾으랴." 『스토리문학관』 (www.storye.net), 2020. 10. 26.

(333) "저에게 옛이야기 속삭이며 입을 주리라." 『스토리문학관』
(www.storye.net), 2020. 11. 1.

(334) "오솔길 낙엽 향기." 『스토리문학관』 (www.storye.net), 2020.
11. 11.

(335) "하얀 모래 위에 그려가는 그림." 『스토리문학관』
(www.storye.net), 2020. 11. 18.

(336) "그리움." 『스토리문학관』 (www.storye.net), 2020. 11. 23.

(337) "일어나라! 새날이여, 희망의 빛으로." 『스토리문학관』
(www.storye.net), 2020. 11. 30.

9 학술심포지엄, 세미나, KBS TV, 방송에서 주제강연
Theme Lectures Given at Academic Symposia, Seminar, KBS TV, and Broadcastings

(1) "합리와 비합리"(1980년 추계신앙수련회 특강). 장로회신학대학, 1980. 9. 18.

(2) "교목의 위치와 역할"(서울 교목회 특강). 서울 교목회, 1980. 11. 10.

(3) "신학의 철학적 이해"(감신대 목요특강). 감리교신학대학 교수회, 1980. 11. 13.

(4) "신학 방법 서설: 생신학의 길"(장신대 목요특강). 장로회신학대학 총학생회, 1980. 11. 27.

(5) "사실과 허위"(장신대 교수회 순환공개 강좌). 장로회신학대학 교수회, 1980. 12. 11.

(6) "기독교 교육학에서의 신학과 교육학과의 관계"(제11차 신학공동학회 발표). 전국신학대학협의회(KAATS), 1981. 10. 10.

(7) "신학도의 사회의식"(현대신학연구회 특강). 현대신학연구회, 1982. 1. 18.

(8) "선교 100주년을 향한 교회교육"(제17회 전국대회, 제19회 정기총회 주제강연). 기독교대한성결교회 교회학교 전국연합회, 1982. 8. 18.

(9) "나는 누구인가?"(문화강좌 1). 여전도회 전국연합회, 1983. 3. 30.

(10) "역사란 무엇인가?"(문화강좌 2). 여전도회 전국연합회, 1983. 4. 6.

(11) "문화란 무엇인가?"(문화강좌 3). 연전도회 전국연합회, 1983. 4. 13.

(12) "자연이란 무엇인가?"(문화강좌 4). 여전도회 전국연합회, 1983. 4. 20.

(13) "우리는 어떻게 하나님을 알 수 있나?"(문화강좌 5). 여전도회 전국연합회, 1983. 4. 27.

(14) "진리란 무엇인가?"(문화강좌 6). 여전도회 전국연합회, 1983. 5. 4.

(15) "자유란 무엇인가?"(문화강좌 7). 여전도회 전국연합회, 1983. 5. 11.

(16) "사상이란 무엇인가?"(문화강좌 8). 여전도회 전국연합회, 1983. 5. 18.

(17) "교육이란 무엇인가?"(문화강좌 9). 여전도회 전국연합회, 1983. 5. 25.

(18) "신이란 무엇인가?"(문화강좌 10). 여전도회 전국연합회, 1983. 6. 1.

(19) "기독교사관과 유물사관"(제3차 이데올로기비판교육 세미나 기조강연). 전국대학이데올로기비판교육책임교수협의회, 1983. 12. 15.

(20) "기독청년의 사회의식"(청년회 특강). 신광교회, 1984. 11. 29.

(21) "인간이란 무엇인가?"(교사대학 특강). 남현교회, 1985. 12. 1.

(22) "철학이란 무엇인가?"(KBS 3TV 청소년 철학 강좌 1). KBS, 1986. 5. 10.

(23) "삶에 관하여"(KBS 3TV 청소년 철학 강좌 2). KBS, 1986. 5. 17.

(24) "실존과 철학"(KBS 3TV 청소년 철학 강좌 3). KBS, 1986. 5. 24.

(25) "인간이란 무엇인가?"(KBS 3TV 청소년 철학 강좌 4). KBS, 1986. 5. 31.

(26) "문화와 역사"(KBS 3TV 청소년 철학 강좌 5). KBS, 1986. 6. 7.

(27) "교육과 도야"(KBS 3TV 청소년 철학 강좌 6). KBS, 1986. 6. 14.

(28) "종교와 철학"(KBS 3TV 청소년 철학 강좌 7). KBS, 1986. 6. 21.

(29) "사회와 사상"(KBS 3TV 청소년 철학 강좌 8). KBS, 1986. 6. 28.

(30) "인간과 예술"(KBS 3TV 청소년 철학 강좌 9). KBS, 1986. 7. 5.

(31) "과학과 철학"(KBS 3TV 청소년 철학 강좌 10). KBS, 1986. 7. 12.

(32) "문명과 기술"(KBS 3TV 청소년 철학 강좌 11). KBS, 1986. 7. 19.

(33) "철학의 미래"(KBS 3TV 청소년 철학 강좌 12). KBS, 1986. 7. 26.

(34) "당신은 개인전도할 능력이 있습니까?"(특강 1). 삼양제일교회, 1986. 11. 2.

(35) "개인전도에 있어서 성경의 위치"(특강 2). 삼양제일교회, 1986. 11. 9.

(36) "전도의 기초"(특강 3). 삼양제일교회, 1986. 11. 16.

(37) "접근하는 지혜"(특강 4). 삼양제일교회, 1986. 11. 23.

(38) "성령은 복음전도의 능력"(특강 5). 삼양제일교회, 1986. 11. 30.

(39) "전도자의 시련"(특강 6). 삼양제일교회, 1986. 12. 7.

(40) "문화의 본질"(「기독교와 문화」 1). 여전도회 전국연합회, 1987.

3. 25.

(41) "문화의 유형"(「기독교와 문화」 2). 여전도회 전국연합회, 1987. 4. 1.

(42) "동서 문화의 이해"(「기독교와 문화」 3). 여전도회 전국연합회, 1987. 4. 8.

(43) "한국문화의 원류"(「기독교와 문화」 4). 여전도회 전국연합회, 1987. 4. 15.

(44) "기독교 문화론"(「기독교와 문화」 5). 여전도회 전국연합회, 1987. 4. 22.

(45) "신율문화론"(「기독교와 문화」 6). 여전도회 전국연합회, 1987. 4. 29.

(46) "기독교 교육: 현장에서의 기능"(방송 강좌). CBS, 1987. 4. 29.

(47) "기독교의 세속화 문제"(「기독교와 문화」 7). 여전도회 전국연합회, 1987. 5. 6.

(48) "인류와 과학"(특강). 삼양제일교회, 1987. 5. 6.

(49) "기독교의 문화화 문제"(「기독교와 문화」 8). 여전도회 전국연

합회, 1987. 5. 13.

(50) "기독교의 토착화 문제"(「기독교와 문화」 9). 여전도회 전국연합회, 1987. 5. 27.

(51) "기독교와 전통문화"(「기독교와 문화」 10). 여전도회 전국연합회, 1987. 6. 3.

(52) "기독교와 종교문화"(「기독교와 문화」 11). 여전도회 전국연합회, 1987. 6. 10.

(53) "기독교와 현대문화"(「기독교와 문화」 12). 여전도회 전국연합회, 1987. 6. 17.

(54) "기독교 교육철학의 이론과 실제"(교사대학 특강). 충신교회, 1987. 9. 14.

(55) "종교란 무엇인가?"(「종교와 기독교」 1). 여전도회 전국연합회, 1987. 9. 16.

(56) "종교의 기원"(「종교와 기독교」 2). 여전도회 전국연합회, 1987. 9. 23.

(57) "성속의 반대일치"(「종교와 기독교」 3). 여전도회 전국연합회, 1987. 9. 30.

(58) "종교의 현상학적 이해"(「종교와 기독교」 4). 여전도회 전국연합회, 1987. 10. 14.

(59) "종교의 사회학적 이해"(「종교와 기독교」 5). 여전도회 전국연합회, 1987. 10. 21.

(60) "종교적 진리는 궁극적인가?"(「종교와 기독교」 6). 여전도회 전국연합회, 1987. 10. 28.

(61) "종교다원주의와 기독교"(「종교와 기독교」 7). 여전도회 전국연합회, 1987. 11. 4.

(62) "한국종교와 기독교"(「종교와 기독교」 8). 여전도회 전국연합회, 1987. 11. 11.

(63) "토착화신학 이야기"(「종교와 기독교」 9). 여전도회 전국연합회, 1987. 11. 18.

(64) "민중신학은 신학적인가?"(「종교와 기독교」 10). 여전도회 전국연합회, 1987. 11. 25.

(65) "종교신학이란 무엇인가?"(「종교와 기독교」 11). 여전도회 전국연합회, 1987. 12. 2.

(66) "문화종교로서의 기독교"(「종교와 기독교」 12). 여전도회 전국

연합회, 1987. 12. 9.

(67) "교육 민주화와 기독교 교육의 심화"(제28회 동기 교목 수양회 강연). 한국기독교학교연합회, 1988. 1. 12.

(68) "해방신학과 종속이론"(사회과학대학 교수 대상 특강). 군산대학교, 1988. 5. 21.

(69) "교사와 사명"(남노회 아동부 교사 대상 특강). 상덕교회, 1989. 1. 30.

(70) "독일의 통일교육론"(전국노회 교육부위원 대상 특강). 대한예수교장로회 총회교육부, 1989. 2. 15.

(71) "기독교 교육학의 학문성"(종교교육학과 특강). 총회신학대학교, 1989. 5. 4.

(72) "통일교육, 어떻게 가르칠 것인가?"(특강). 신답교회, 1989. 7. 2.

(73) "통일신학"(특강). 홍광교회, 1989. 7. 9.

(74) "기독교인의 사회적 역할"(특강). 신대방교회, 1989. 8. 27.

(75) "한국신학의 사상사적 분석"(신학과 특강). 장로회신학대학교, 1989. 11. 29.

(76) "인간이란 무엇인가?"(특강). 여전도회 전국연합회, 1990. 3. 13.

(77) "평화신학"(제1차 장로회신학대학교 교수세미나 특강). 장로회신학대학교, 1990. 6. 21.

(78) "한국의 민주화와 대학문화의 미래적 위상"(기조 강연). 한국미래연구학회, 1990. 10. 17.

(79) "미래사회와 교회교육"(교사대학 특강). 아현 성결교회, 1990. 10. 28.

(80) "기독교와 평화교육"(교사대학 특강). 신촌 성결교회, 1990. 12. 9.

(81) "인간의 역사"(장신 목사계속교육원 대구지역 특강 1). 내당교회, 1991. 1. 21.

(82) "철학적 인간학"(장신 목사계속교육원 대구지역 특강 2). 내당교회, 1991. 1. 22.

(83) "생물학적 인간학"(장신 목사계속교육원 대구지역 특강 3). 내당교회, 1991. 1. 23.

(84) "사회학적 인간학"(장신 목사계속교육원 대구지역 특강 4). 내당교회, 1991. 1. 24.

(85) "문화적 인간학"(장신 목사계속교육원 대구지역 특강 5). 내당교회, 1991. 1. 25.

(86) "청소년에게 삶을 어떻게 가르칠까?"(제4차 II단계 교사대학 지도자 세미나 특강). 대한예수교장로회 총회교육부, 1991. 1. 31.

(87) "기독교문화와 전통문화의 조화"(방송 좌담). 극동방송, 1991. 2. 15.

(88) "인간이란 무엇인가?"(「인간이해」 1). 여전도회 전국연합회, 1991. 3. 13.

(89) "인간과 철학"(「인간이해」 2). 여전도회 전국연합회, 1991. 3. 20.

(90) "인간과 사회 1"(「인간이해」 3). 여전도회 전국연합회, 1991. 3. 27.

(91) "인간과 사회 2"(「인간이해」 4). 여전도회 전국연합회, 1991. 4. 10.

(92) "인생관"(「인간이해」 5). 여전도회 전국연합회, 1991. 4. 17.

(93) "초혼신학이란 무엇인가?"(특강). 장로회신학대학교 동양사상연구회, 1991. 4. 29.

(94) "고대인들의 인간관"(「인간이해」 6). 여전도회 전국연합회, 1991. 5. 1.

(95) "인간과 역사"(「인간이해」 7). 여전도회 전국연합회, 1991. 5. 8.

(96) "초기 선교사들의 신학과 사상"(정기 학술세미나 발표). 한국기독교역사연구소, 1991. 5. 11.

(97) "초혼신학 비판"(「인간이해」 8). 여전도회 전국연합회, 1991. 5. 15.

(98) "인간과 사상"(「인간이해」 9). 여전도회 전국연합회, 1991. 5. 22.

(99) "초혼신학의 문제와 비판"(신학과 특강). 장로회신학대학교, 1991. 5. 27.

(100) "무엇을 위한 폭력인가?"(「인간이해」 10). 여전도회 전국연합회, 1991. 6. 5.

(101) "인간과 신화"(「인간이해」 11). 여전도회 전국연합회, 1991. 6. 12.

(102) "인간과 종교"(「인간이해」 12). 여전도회 전국연합회, 1991. 6. 19.

(103) "인간과 교육"(「인간이해」 13). 여전도회 전국연합회, 1991. 6. 26.

(104) "2000년대를 향한 한국신학의 전망과 과제"(장로회신학대학교 교수세미나 특강). 장로회신학대학교, 1991. 10. 29.

(105) "교회학교 교육 어떻게 할 것인가?"(교사대학 특강). 삼양제일교

회, 1991. 11. 27.

(106) "기독교 세계관"(연합청년회 특강). 광성교회, 1991. 12. 21.

(107) "인간이란 무엇인가?"(교사대학 지도자 세미나 특강). 대한예수교장로회총회교육부, 1992. 2. 21.

(108) "기독교 교육철학 개론"(교사대학 특강). 대덕교회, 1992. 3. 22.

(109) "신학이란 무엇인가?"(신학과 특강). 장로회신학대학교 한국신학사상연구원, 1992. 5. 21.

(110) "기독교 교육철학이란 무엇인가?"(교사대학 특강 1). 묘동교회, 1992. 9. 21.

(111) "기독교 교육철학의 학문성 문제"(교사대학 특강 2). 묘동교회, 1992. 9. 22.

(112) "바람직한 기독청년 문화"(용천노회 청년부 특강). 신성교회, 1992. 11. 9.

(113) "교회학교 교사의 사명과 역할"(교사대학 특강). 창동 염광교회, 1992. 12. 11.

(114) "한경직의 생애와 신학"(특강). 영락여자신학교, 1993. 3. 16.

(115) "기독교문화 정착을 위한 바람직한 교육방안"(제1회 교회여성문제 심포지엄 특강). 한국교회여성문제연구소, 1993. 6. 29.

(116) "교회의 사회적 기능"(북노회 사회부 심포지엄 특강). 상신교회, 1993. 9. 7.

(117) "기독 청년의 시대적 사명"(청년부 특강). 난곡 신일교회, 1993. 10. 10.

(118) "한국교회 갱신의 과제와 전망"(종교개혁기념 특강). 장로회신학대학교 한국신학사상연구원, 1993. 10. 27.

(119) "기독청년의 사회의식과 행동신학"(청년부 특강). 신양교회, 1993. 10. 30.

(120) "실존주의와 실존교육"(교사대학 특강). 금호교회, 1993. 11. 18.

(121) "공직자의 생활자세"(도시과정 제7기 전국시도건설관계 과장연수회 특강). 중앙대학교 건설대학원, 1993. 12. 14.

(122) "교회학교 교사론"(94년 교사대학 특강). 초원교회, 1994. 2. 14.

(123) "기독교 교육철학"(제2기 교사대학 특강). 다덕교회, 1994. 4. 17.

(124) "기독교와 한국문화"(신앙논단). 극동방송, 1994. 5. 27.

(125) "교회성장과 교회교육"(기성총회 목회자 세미나 특강). 천호동교회 실촌 수양관, 1994. 5. 31.

(126) "현대사상 총론 1"(장신 목사계속교육원 경남지역 특강 1). 포항제일교회, 1994. 6. 28.

(127) "현대사상 총론 2"(장신 목사계속교육원 경남지역 특강 2). 포항제일교회, 1994. 6. 28.

(128) "종속이론과 해방신학"(장신 목사계속교육원 경남지역 특강 3, 4). 포항제일교회, 1994. 6. 29.

(129) "기독교와 한국문화"(장신 목사계속교육원 경남지역 특강 5). 포항제일교회, 1994. 6. 29.

(130) "한국기독교의 과제와 전망"(장신 목사계속교육원 경남지역 특강 6). 포항제일교회, 1994. 6. 29.

(131) "한국 사회의 경제부패 구조와 기독교적 대안"(방송 강좌). 극동방송, 1994. 10. 7.

(132) "신학교에서 무엇을 배우고 공부할 것인가?"(방송 좌담). 극동방송, 1994. 12. 8.

(133) "교회학교 교사론"(교사대학 특강). 삼양제일교회, 1995. 1. 22.

(134) "기독교 교육학"(「평신도를 위한 신학강좌」 26주 방송). 극동방송, 1995. 4. 7-9, 29.

(135) "교회와 교육"(교사대학 특강). 삼양제일교회, 1995. 7. 9.

(136) "얼굴들"(극동방송 칼럼). 극동방송, 1995. 7. 10.

(137) "이용도 신학이 성령운동에 미친 영향"(민경배 교수의 논문에 대한 논평·토론). 국제신학연구소 제4회 학술세미나, 1995. 8. 21.

(138) "21세기 한국신학의 과제와 전망"(학술세미나 특강). 장로회신학대학교 한국신학사상연구원, 1995. 11. 13.

(139) "기독교인의 가정규범"(특강). 충성교회, 1995. 12. 17.

(140) "교회학교 교사의 의식과 역할"(교사대학 특강). 삼양제일교회, 1996. 1. 22.

(141) "한국교회사와 함께한 선지자들"(신학과 특강). 장로회신학대학교, 1996. 10. 28.

(142) "율법과 믿음"(특강). 구로문교회, 1997. 3. 2.

(143) "한국 무속과 윤회, 그리고 뉴에이지 운동"(권오덕 교수의 논문에 대한 논평·토론). 한국개혁신학회 제2회 정기 학술심포지엄,

1997. 3. 29.

(144) "문화변동에 따른 신학의 변화전망"(제38회 연세신학공개강좌 강연). 연세 대학교 신과대학, 1997. 10. 9.

(145) "신학이란 무엇인가?"(장신대 특강). 장로회신학대학교, 1998. 3. 11.

(146) "기독교 교육학 형성의 기초"(특강 1, 2). 잠실교회 서울성서 신학원, 1998. 4. 1.

(147) "기독교 교육학의 형성사"(특강 3, 4). 잠실교회 서울성서 신학원, 1998. 4. 22.

(148) "기독교 교육학의 방법과 목적"(특강 5, 6). 잠실교회 서울성서 신학원, 1998. 5. 13.

(149) "기독교 교육학의 실제적 이해"(특강 7, 8). 잠실교회 서울성서 신학원, 1998. 6. 3.

(150) "21세기의 가상교회"(특강). 『21세기의 사회와 교회』(제18회 연세 목회자신학 세미나 자료집, pp. 163-169). 연세 대학교 연합신학 대학원, 1998. 6. 26.

(151) "한경직 목사의 생애와 사상"(기념강좌). 『목회를 위한 리더십』(제17회 목회연수회 자료집, pp. 50-51). 영락교회, 1998. 8. 19.

(152) "한경직 목사론"(서울노회 남선교회 연합회 제40회 7차 실행위원회 특강). 영락교회, 1998. 10. 25.

(153) "한국기독교의 어제: 그 역할과 의미"(학술세미나 특강). 『한국기독교 어제, 오늘 그리고 내일』(제11회 우원사상연구소 학술세미나 자료집, pp. 1-12. 본 논문에 대한 김병환 교수의 논평, pp. 13-14). 강남대학교 우원사상연구소, 1998. 11. 9.

(154) "기독교인의 경제생활과 자녀교육"(특강). 은평구 구산교회, 1999. 2. 5.

(155) "신학입문: 신학과 일반학과의 관계를 중심으로"(신학과 특강). 장로회신학대학교, 1999. 3. 3.

(156) "소망에 대한 철학적 접근: 한민족의 삶의 자리에서 미리 엮어 본 짧은 글"(1999학년도 2학기 교수세미나 특강 자료집, pp. 1-14). 장로회신학대학교 교수회, 1999. 8. 27.

(157) "한국신학의 문제는 무엇인가?"(신학과 특강). 장로회신학대학교, 1999. 11. 19.

(158) "한국신학, 무엇이 문제인가?"(한국신학사상연구원 학술세미나 주제 발표). 장로회신학대학교 한국신학사상연구원, 1999. 11. 23.

(159) "21세기와 기독청년의 역할"(청년회 특강). 삼양제일교회, 1999.

12. 19.

(160) "기독교 교육사 개관"(교사대학 특강). 대덕교회, 2000. 3. 19.

(161) "문화종교학 서설"(IWMU Internet 강의 1-4강 녹음). 2000. 3. 27.

(162) "문화종교학 서설"(IWMU Internet 강의 5-13강 녹음). 2000. 3. 29.

(163) "문화종교학 서설"(IWMU Internet 강의 14-20강 녹음). 2000. 3. 31.

(164) "문화종교학 서설"(IWMU Internet 강의 21-27강 녹음). 2000. 4. 18.

(165) "한경직의 신학"(특강). 『한경직 목사의 신학과 목회 사상』(기독교교리사상문화연구부 제3차 공개 심포지엄 자료집, pp. 1-10). 장로회신학대학교, 2000. 10. 19.

(166) "한국신학 정립을 위한 소고"(신학과 특강). 장로회신학대학교, 2001. 3. 14.

(167) "한경직 목사의 영성과 한국교회에 미친 영향"(한경직 목사 기념사업회 제1회 학술심포지엄 특강). 『한국교회와 한경직 목사』 자료집, 영락교회, 2001. 4. 17.

(168) "그리스도와 이데올로기 극복"(특강). 『목회자신학세미나』 (서울교회 한국교회갱신연구원 제19학기 목회자신학세미나 자료집, pp. 1-20). 서울교회, 2001. 6. 4.

(169) "디지털 시대의 선교"(특강). 『제21회 연세 목회자신학세미나』 (자료집). 연세 대학교 연합신학대학원, 2001. 7. 2.

(170) "한경직론"(특강). 영락교회 제2남선교회, 2002. 11. 22.

(171) "한경직 신학에 대한 이해"(특강). 영락교회 제2남선교회, 2003. 4. 18.

(172) "오늘의 한국기독교, 무엇이 문제인가?" 『21세기와 종교개혁』 (2003년 수신학연 학술제 자료집, pp. 67-70). 제1대 수도권 신학과와 기독교학과 학생연합회, 2003. 11. 1.

(173) "나의 신학함과 인생"(강연). 장로회신학대학교 신학과 학생회·신대원 신학과 학술국, 2005. 4. 7.

(174) "한국교회 분열과 신학적 논쟁"(특강). 『연세신학 학술심포지엄』 (연세 120주년 기념 연세신학 학술심포지엄 자료집, pp. 17-32). 연세 대학교 신과대학, 2005. 5. 27.

(175) "神土不二 神學"(강연). 『제488주년 종교개혁기념학술강좌』 (자료집, pp. 19-40). 장로회신학대학교 총학생회 학술국, 2005. 10. 26.

(176) "신학, 어떻게 할 것인가?"(신학입문 특강). 장로회신학대학교, 2007. 5. 28.

(177) "나의 신앙은 정직한가?"(은퇴 강연). 장로회신학대학교, 2007. 8. 29.

(178) "목적지향적 교육을 위한 로드맵: 인문과학을 중심으로"(교수학습개발원 영상자료용 논문 요약 발표). 2007. 9. 19,

(179) "삼양제일교회 창립 50주년을 축하하며"(축사). 2007. 10. 21,

(180) "한경직 목사의 목회철학"(강연). 『제11회 한경직 목사 기념강좌』(자료집, pp. 1-16). 숭실대학교, 2007. 10. 24.

(181) "한경직 목사"(방송논단). CGN TV, 2008. 3. 17, 14:00.

(182) "상실에서 소망으로"(특강). 『평생지도자과정』(2009 2학기 예수 소망교회 LLP과정 특강 자료집, pp. 47-51). 예수 소망교회, 2009. 10. 30.

(183) "신토불이 신학 본질론"(한국문화신학회 정기학술세미나 발표). 2009. 11. 14.

(184) "한경직의 생애와 생활신앙 리더십"(특강). 『평화한국리더십 아카데미』(제7기). 평화한국 평화제작소, 2010. 11. 11, 19:30-21:30.

10 인터뷰 기사
Interview Articles

(1) "신학과 신앙, 사회의 빛으로"(초대석). 『목회와 신학』 통권3호 (1989. 9), p. 15.

(2) "광나루 지성의 생애와 사상: 한승홍." 장로회신학대학교 교지편집위원회 편. 『사건Simulacre』 통권34호 (2004. 9), pp. 189-234.

(3) "신토불이(神土不二), 지평을 넘어: 무극 한승홍." 『신학춘추』, 2007. 5. 1, p. 2.

(4) "장신과 함께한 27년을 돌아보며"(퇴임교수 인터뷰). 『장신소식』 제31호 (2007 가을), pp. 8-9.

(5) "두 번째 시집 『유리온실』 펴낸 장신대 명예교수 한승홍 박사"(기독여성초대석). 『기독여성신문』, 2019. 7. 15, p. 8.

Ⅶ 나에 관한 연구논문과 저서에 대한 서평 목록
List of Review on Research Papers and Books about My Thought

1 학위논문
Master's Thesis

(1) 박준수. "無極 韓崇弘의 神土不二 神學에 대한 思想構造的 硏究." 미간행 석사학위논문, 장로회신학대학교 신학대학원, 2008.

2 연구논문 / 기사

Research Papers and Articles about Me

(1) 김찬국. "내가 아는 한숭홍"(내일을 이끌어 갈 젊은 神學者들 12). 『한국기독공보』, 1981. 4. 18, p. 2.

(2) 고원석. "무극 한숭홍의 기독교 교육철학 사상과 기독교 교육학의 과제"(제7차 기독교통합신학회 발표 논문). 장로회신학대학교, 2006. 6. 19.

(3) 최윤배. "무극 한숭홍, 그에게는 무엇이 있는가?" 『신학춘추』, 2007. 5. 1, p. 8.

(4) 김상근. "신토불이 신학을 사자성어로 논함." 『신학춘추』, 2007. 9. 18, p. 8.

(5) 소기천. "무극(無極) 한숭홍 교수의 학문세계: 양태론을 극복한 신토불이 신학(神土不二神學)." 『한국신학의 지평』 (무극 한숭홍 교수 정년퇴임기념논문집). 서울: 선학사, 2007. Pp. 19-45.

(6) 곽재욱. "무극에서 태극으로 – 한숭홍 교수의 생애와 사상의 구조적 이해." 『한국신학의 지평』 (무극 한숭홍 교수 정년퇴임기념논문집). 서울: 선학사, 2007. Pp. 46-66.

(7) 정성한. "무극 한승홍 교수의 신학사상에 대한 서론적 고찰 — 그의 '삶 신학'의 역사적 전개를 중심으로." 『한국신학의 지평』 (무극 한승홍 교수 정년퇴임기념논문집). 서울: 선학사, 2007. Pp. 67-89.

(8) 고원석. "무극 한승홍의 기독교 교육철학의 삼중적 구조를 통해서 살펴본 오늘의 기독교 교육학의 과제." 『한국신학의 지평』 (무극 한승홍 교수 정년퇴임기념논문집). 서울: 선학사, 2007. Pp. 113-34.

(9) 배요한 "무극 한승홍의 신토불이 신학에 대한 소고." 『한국신학의 지평』 (무극 한승홍 교수 정년퇴임기념논문집). 서울: 선학사, 2007. Pp. 135-66.

(10) 박준수. "무극 한승홍의 사상체계론 — 神土不二 神學과의 연계성을 중심으로." 『한국신학의 지평』 (무극 한승홍 교수 정년퇴임기념논문집). 서울: 선학사, 2007. Pp. 167-200.

(11) 박준수. "한승홍의 신토불이(神土不二) 신학." 『현대종교』 제394호 (2007. 9), pp. 138-43.

(12) 김순진. "서사와 서정, 그 알레고리"(한승홍 1시집 『나무에게 배우다』에 대한 작품해설). 『나무에게 배우다』. 서울: 문학공원, 2018. Pp. 147-167.

(13) 김순진. "효과적인 시 쓰기, 그 실체를 증명하다"(한승홍 2시집 『유리온실』에 대한 평론). 『스토리문학』 통권103호 (2019 하반기호), pp. 82-100.

(14) 김순진. "한승홍 시의 문학성 – 자연의 시간화에 대한 미학"(한승홍 3시집 『열쇠와 자물쇠』에 대한 작품해설). 『열쇠와 자물쇠』. 서울: 문학공원, 2020. Pp. 131-51.

(15) 유성호. "시원(始原)의 세계를 향한 순수 원형의 기억들 – 한승홍의 시세계"(한승홍 4시집 『천사의 음성』에 대한 작품해설). 『천사의 음성』. 서울: 문학공원, 2021. Pp. 105-26.

3 저서, 번역서, 논문에 대한 서평
Peer Review on Works and Scholarly Papers Written by Me

(1) 예영수. "Hohoff, Curt / 한승홍 역. 『기독교 문학이란 무엇인가?』에 대한 서평." 『기독교사상』 통권338호 (1987. 2), pp. 160-63.

(2) 김상일. "한승홍 교수의 『文化宗敎學』에 대한 비평적 고찰." 『장신』 제26집 (1987. 4), pp. 240-45.

(3) 편집부. "문화종교학: 문화의 종교화와 종교의 문화화를 인간의 삶에서 해석하고 이해"(한승홍 교수의 『문화종교학』에 대한 서평). 『신학춘추』, 1987. 4. 27, p. 8.

(4) 박순영. "한승홍 교수의 『존재와 의식: 현대사상의 철학적 기초』에 대한 서평." 『신학춘추』, 1989. 8. 28, p. 8.

(5) 편집부. "Macquarrie, John / 한승홍 역. 『20세기 종교사상』에 대한 서평." 『빛과 소금』 제61호 (1989. 9), p. 220.

(6) 문전섭. "한승홍 교수의 『한경직의 생애와 사상』에 대한 서평." 『내가 사랑하는 책』 제2호 통권2호 (1993. 8), pp. 38-43.

(7) 김병환. "한승홍 교수의 「한국기독교의 어제: 그 역할과 의미」 (학술세미나 특강, 1998. 11. 9, pp. 1-12)에 대한 논평." 강남대학교 우원사상연구소 편. 『한국기독교 어제, 오늘 그리고 내일』 (제11회 우원사상연구소 학술세미나 자료집, pp. 13-14). 용인: 강남대학교, 1998.

(8) 김영한. "한승홍 교수의 논문 '한경직 목사의 영상과 한국교회에 미친 영향'에 대한 논평." 한경직목사기념사업회 편. 『한국교회와 한경직 목사』 (1주기 추모 자료집). 서울: 영락교회, 2002. Pp. 75-79.

(9) 편집부. "『한경직 – 예수를 닮은 인간, 그리스도를 보여준 교부』"(북 리뷰). 『만남』 통권403호 (2007. 8), pp. 44-45.

(10) 민경배. "한승홍 교수의 『한경직 – 예수를 닮은 인간, 그리스도를 보여준 교부』에 대한 서평." 『교회와 신학』 제70호 (2007 가을), pp. 167-70.

(11) 김순진 외 4인. "현상에서 나를 찾는 효과적인 시창작법"(한승홍 시인의 「나무에게 배우다」 외 2편에 대한 신인상 심사평). 『스토리문학』 통권100호 (2017 가을/겨울 합본), p. 279.

철학적 사고와 학문의 여정
그리고 그 발자취

생각의 지평

초판인쇄일 2021년 9월 6일
초판발행일 2021년 9월 10일

지은이 : 한숭홍
발행인 : 김순진
편집장 : 전하라
디자인 : 김초롱
펴낸곳 : 도서출판 문학공원
등 록 : 2004년 3월 9일 제6-706호
주 소 : 우편번호 03382 서울 은평구 통일로 633
　　　　녹번오피스텔 501호 스토리문학사
전 화 : 02-2234-1666
팩 스 : 02-2236-1666
홈페이지 : http://cafe.daum.net/yob51
이메일 : 4615562@hanmail.net

※ 책값은 뒤표지에 있습니다.
※ 저자와의 협의에 의해, 인지는 생략합니다.